Zpi3

Brennholzverleih

Prosa und Lyrik zu 100 Jahren DaDa in 2016

Gregor Bendel
Rolf Habel
Rainer Hess
Karl-Peter Gerigk

Herstellung und Verlag:
BoD - Books on Demand,
Norderstedt
ISBN 978-3-7412-8617-9

Inhalt

Seite

Wasser zu Dampf	4
Erwachsen	11
Immer noch	13
Unser Land	15
Gefällt mir	18
Der Vater aller Dinge	20
Alles ist böse	21
Liebe	22
Der Winter	24
Ein Könner und ein Schöner	27
Extrem – unangenehm	31
Menschenfresser	34
Nimmerlein	36
Hegeholz	37
Idiom	41
IrRealität	43
Mehr Liebe...	45
Luna	46
Macht Bilder	49
Kommt da einer	50
MiniMax	52
Marktwesen	53
Neun Staaten und die Lämmer	55
Schublade	58
Sandalen	61
Täusch´ Dich nicht	62
Verzehrend	68
Was Dich ernährt	70
Was Ihr wollt	71
Wie Dir	72
Wunderbar	75
Ursprünge	77
Geldgebet	107
Vitae cursus	111

Rolf Habel, "Sanfter", Acryl auf Leinwand, 30x24 cm, 2010

Es verbrennt **Wasser zu Dampf.**

Brennholz ist Holz, dass verbrannt mit Feuer und Flammen. Es dient dem Heizen, Kochen – oder auch, um Licht zu machen. Es kann auch als Feuerholz bezeichnet werden, und wird also – meist von Menschen – genutzt, um Wärme zu erzeugen, um Essen zu bereiten – oder, um es heller werden zu lassen, z.B. mit Fackeln. Brennholz dient so als Nutzfeuer.

Die Verwendung von Holz kannten schon die Indogermanen, als sie noch am Schwarzen Meer wohnten. Holz wird also schon seit 400.000 Jahren genutzt, zu Zeiten, als die ersten Menschen nur Stein, Fell und Hölzernes als Werkstoffe benutzten.Wahrscheinlich kam das erste Feuer durch einen Blitzschlag auf die Erde. Aber auch Vulkane speihten ja schon Feuer.

Wann ein Mensch zu ersten mal Feuer nutzte und wozu, ist unklar. Beherrschen konnte er es wohl erst, als es ihm gelang, es selber zu machen, durch Reibung mit einem anderen Holzstab, um Stroh zu entzünden – oder mit einem Feuerstein, der Funken schlägt, wenn man ihn aufeinander haut. Auf jeden Fall konnte er es bezeichnen – er sagte *K!dos* dazu – oder *deru*. Aus dem indogermanischen Wort entwickelte sich im germanischen das Wort *trewa* – wie später *tree* wie im germanischen Baum. Auf den Färöer-Inseln sagt man heute noch Trae zum Baum. Holz heißt germanisch aber *Holta*.

Holz ist nach allgemeinem Sprachgebrauch das harte Gewebe der Achsen von den Sprossen des Stammes, der Äste und der Zweige von Bäumen und baumartigen Gewächsen, wie Büschen und Sträuchern. Botanisch gesehen ist Holz die zylinderförmige Wachstumsschicht – zwischen Splintzone und Rinde. Die Splintzone ist das junge, aktive Holz, was Wasser und Nährstoffe in die Krone führt. Die Rinde ist das Gewebe außerhalb des Zentralzylinders, und besteht aus Bast und Borke – umschließt den Zylinder, schützt ihn.

Aus Holz und Ästen bauten die Menschen schon sehr früh Hütten. Schon die Ägypter nutzten Holz aber auch um feste Häuser zu bauen – mit Stein und Lehm zusammen. Aus Holz machten sie Möbel, Dachstühle, Schnitzereien – und auch Skulpturen, wie sehr früh die Menschen in Afrika – bis heute auch Masken von Göttern, Dämonen und Ahnen. Wie die Griechen und die Römer später auch noch. Gerade die Maske fand im griechischen Theater Verwendung, nicht nur als Kostümierung, sondern vielmehr um die Stimme zu verändern.

Um Schiffe und Häuser zu bauen, wurden viele Wälder abgeholzt, was man heute noch am Karst-Gebirge in der Türkei sieht. Ob die Tiere, die dort lebten alle aufgegessen wurden – oder weggelaufen sind, weiß ich nicht genau. Auch nicht, ob sie dann noch Oliven ernten konnten oder woher die Äpfel und Birnen, die Zitronen und Orangen kamen. Aber sicher gab es da noch genug Wald mit Nuss- und Kastanienbäumen, oder Kirschen – die man essen konnte. Und die Beeren wachsen ja an Sträuchern – oder?

Holz wächst in Phasen. Von November bis Februar ruht das Holz, bei unveränderten klimatischen Bedingungen in Mitteleuropa. Im März und April, wenn der Frost vorbei ist und die Temperaturen steigen, wird das Wachstum mobilisiert. Von Mai bis Juli wächst es schnell – und es entsteht das Frühholz, danach das Spätholz im Herbst.

Holz schmeckt nicht süß. Es ist also deutlich vom Süßholz zu unterscheiden. Süßholz ist ein Hülsenfruchtgewächs und gehört zu den Schmetterlingsblütlern.

Holz besteht aus Zellulose, Mineralien und Ligin, einem Biopolymer. Es ist aus vielen gleichen Teilen aufgebaut, ein selbstähnliches Makromolekül. Auch ist Hemicellulose im Holz. Das ist eine Art Zucker. Holz ist aber schwer verdaulich und kaum nahrhaft.

Holzarten sind unterschiedlich dicht, was mit der Feuchte zusammenhängt. Trockenes Holz ist dichter als feuchtes Holz, was eine geringere Rohdichte hat. Und das ist von Baum zu Baum anders. Holz macht Töne, insbesondere wenn man es schlägt. Welcher Ton kommt, hängt von der Dichte ab – und von der Elastizität, Faserlänge – und Faserwinkel, von den Astlöchern und Rissen im Holz. Es werden viele Instrumente aus Holz gebaut. Von Flöten bis Trommel, von einer Gitarre über eine Violine bis zur Zitter bildet Holz oft den Klangkörper. Aber es gibt auch Gebrauchsgegenstände aus Holz, wie Kochlöffel, Kleiderbügel oder Pfeifen - man kann Holz, gerade auch als Spanplatte, zur Schalldämmung einsetzen. Zur Wärmedämmung ist Holz ungeeignet, weil es porös ist. Holz ist schön, schon wegen der Maserung, also dem Faserverlauf und den Jahresringen. Darum gibt es Möbel und Fußböden, Decken und Täfelungen aus Holz, weil das gemütlich, natürlich und lebendig erscheint. Man kann an einem geschnittenen Stück Holz durch die aufeinander folgenden kreisförmigen Streifen erkennen, wie alt der Baum war – und auch, was das Wetter in diesem Jahr so gemacht hat. War das Jahr gut – und konnte der Baum gut wachsen, ist der Ring breiter. Wenn es viel Regen gab dunkler. Auch wenn Holz

wächst ist es anfällig für biotische Schädlinge, wie Käfer, aber auch Pilze, Schimmel – oder Schwämme, aber auch wenn Holz „tot" und verbaut ist, können sich Schädlinge einnisten und alles verfaulen lassen. In Deutschland gibt es 11,4 Millionen Hektar Wald, vorwiegend aus Baumholz. Das sind 3,7 Milliarden Vorratsfestmeter. Alle 13 Sekunden wächst in Deutschland ein Holzhaus nach, sozusagen. 2014 wurden fast 60 Millionen Festmeter Holz in Deutschland eingeschlagen, über 2/3 Nadelhölzer. 1/3 des Holzeinschlages wurde verbrannt, dass sind mehr als 20 Millionen Festmeter pro Jahr. Zu Brennholz sagt man auch Energieholz. Hier kann man unterscheiden zwischen Stückholz, Scheitholz, Rundholz, Brennreisig, Pellez und Holzbriketts. Holz kann dabei belassen sein, aber auch bearbeitet. Also nicht gestückelt oder gehackt, sondern Restholz von der Baustelle oder aus der Industrie, wie zum Beispiel Paletten oder Abfälle. Neben Restholz und Altholz, z.B. alte Möbel, gibt es verunreinigtes Holz, was z.B. gestrichen ist. Das darf man nicht verbrennen, wegen der Umwelt. Holz hat etwa den halben Brennwert zur Kohle und 1/3 zum Heizöl.
Brennholz wird gehandelt. Man kann einen Festmeter, Schüttmeter oder Raummeter kaufen oder selber machen. Machst Du das Holz selber, wird Dir öfter

warm, als wenn Du es kaufst. Ein Meter meint hier 1.Meter lang und breit und hoch. Das ist wie bei einem Würfel.

Wenn Du selber Holz machst, brauchst Du eine Säge, ein Beil, einen Spalthammer, manchmal einen Keil oder Holzspalter, auch Gehörschutz, Handschuhe, Sicherheitshose und -jacke, Arbeitsschuhe, am besten stahlverstärkt und über die Knöchel – und vor allem aber eine Schutzbrille, damit Dir kein Splitter ins Auge fliegt. Und wenn das Holz geschlagenen und gestückelt ist, musst Du es lagern, damit es trocken wird. Das dauert ein Jahr, besser länger – besonders bei Nadelholz, wie Kiefer oder Lärche. Der Wassergehalt frisch geschlagenen Holzes liegt noch bei 50%. In einer Holzmiete trocknet das Holz wie in einem Käfig gut, weil Luft durchgeht.

Trockenes Holz kann man leicht mit Stroh, Papier oder Brandbeschleunigern anzünden. Ausgasende Öle und Terpene helfen einen niedrigen Flammpunkt bei der Entzündung zu erzielen. Brennt das Holz, wird es schnell warm, sogar heiß. Man kann sich daran leicht verbrennen, darum sollte man bei offenem Feuer sehr vorsichtig sein.

Die Verbrennung des Holzes ist ein mehrstufiger Vorgang. Erst oxidieren die Gase, dann die Stogge im

Holz, die Fasern und schließlich die Holzkohle. Bei der Feuerung wird das Holz zunächst durch den Zunder und Durchwirkung von Abgasen erwärmt. Dann dampfen die Öle ab. Danach wird das Wasser abtransportiert und verdampft. Bei 250 Grad Celsius zersetzt sich das Holz und dann vergast auch das Holz mit der Luft und dem festen Kohlenstoff, bis 500 Grad Celsius. Die Gase und Kohlestoffoxide oxidieren bis 2000 Grad Celsius. Das ist sehr heiß. Die Flamme wird mit der Zeit dann wieder kühler.

Bei der Verbrennung von Holz werden Kohlenmonoxid, Ruß und Glanzruß, Kohlenwasserstoff, Wasserstoff, Aschefeinstäube und Mineralien an die Umwelt abgegeben. Es werden Kohlendioxid, Wasserdampf, Stickoxide, Schwefel und Schwefeldioxid freigesetzt.

Holz ist billiger als Öl und sei umweltfreundlich, weil es weniger Giftstoffe abgibt als Öl und Kohle – und weil der Umsatz organische Stoffen wie Wasser und Kohlenstoff günstiger ist.

Der Mensch besteht vorwiegend aus Wasser: Wasser ca. 60% Proteine 16%, Lipide 10%, Kohlenhydrate 1.2% Nucleinsäuren1% Mineralstoffe 5%

Ein Säugling hat einen hohen Wassergehalt von 90%. Mit zunehmendem Alter nimmt die Vitalität lebender Strukturen jedoch ab, und zwar in dem gleichen Maße, wie sein Wassergehalt zurückgeht. So hat der menschliche Organismus als Kind ca. 70% Wassergehalt, der Erwachsene 65%, und der alte Mensch nur mehr 60%. Schon daraus wird die besondere Bedeutung deutlich, die Wasser für unseren Organismus hat

Wenn Du dir jetzt Brennholz leihen willst, hätte ich gerne die Asche und auch das Wasser zurück.

Erwachsen

Erwachsen ist Holz,
aus dem Erdenreich,
mit Wasser genährt,
mit Blättern durchwoben,
von der Sonne gewärmt,
vom Winde gewogen.

Steht stolz,
im Grünen gleich,
den Blicke verwehrt,
zu den Wolken oben.

Karl-Peter Gerigk /-kpg-

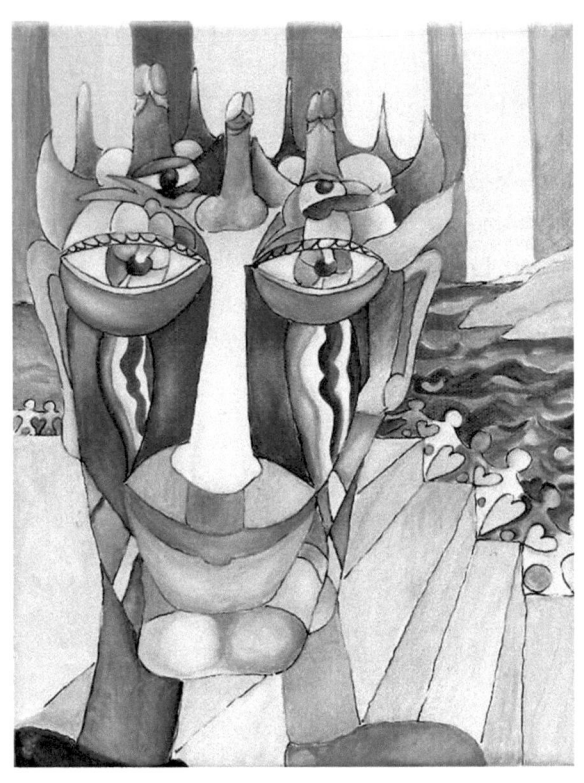

Rolf Habel, "Weinen", Acryl, 30x24 cm, 2012

" Immer noch"

Und ich dachte
Du wärest
mir egal
So fern
Bist du
Die Bedienung
Verzögert absichtlich
Du meinst
Ich würde wissen
Wo du bist
Ja
Davon hast du mir erzählt
Ich verstehe
Ich habe dich
Immer verstanden
War immer
Für dich
Und da
Wo bist du
Am Telefon
Wo ist das Telefon
Wann können wir uns treffen
Warte
Die Tiere muss ich
Versorgen
Das verstehst du
Ja das verstehst du
Immer noch
Und dafür
Liebe ich dich
Immer noch

                              Samuel Schwaetzer

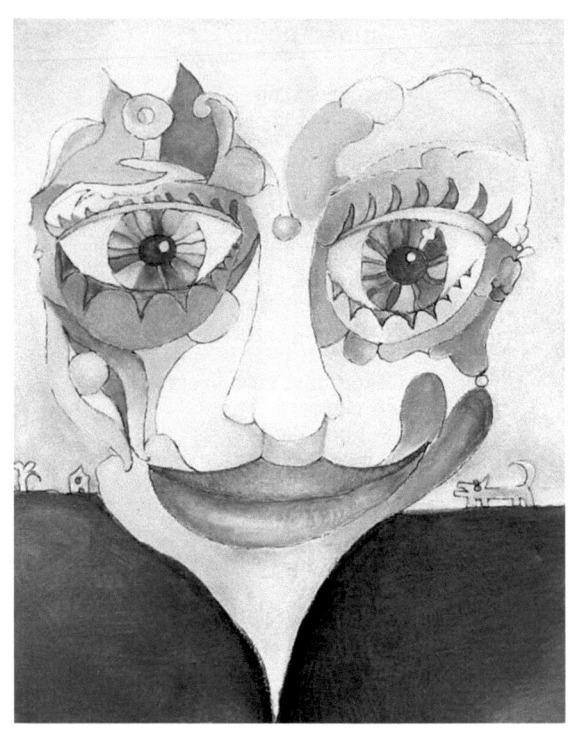

Rolf Habel,"Liebe", Acryl, 30x24 cm, 2012

Unser Land

Wer regiert unser Land?
Der Unverstand.,
die kalte Hand.
Das Geld, das Gold,
regiert.

Die Gier – nach mehr,
das bewusstlose Heer,
der Konsumaffen -
und an der Spitze,
das sinnlose Raffen.

Wer regiert?
Vom Mammon geschmiert,
der Tribun und die Massen,
bis zum sinnlosen rasen.

Die Unvernunft herrscht!
Der Algorithmus, die Prozedur,
stellt das Denken auf stur.

Das Haben – nicht das Sein,
der Geiste wird klein,
ein Rädchen im Lager.

Das Elemet im System,
es funktioniert ohne Reflexion,
nur für wenige sehr angenehm.
Verliert es das Leben,
mal eben.

Was regiert?
Das kalte Herz ist kaum berührt.
Das Gefühl, die Emotion,
ist verführt,

es leitet die Affektion,
die Stimmung macht´s,
wie im Rausche benommen,
Tagtraum, kein Schlaf ist Nachts
die Menschen verkommen.

Wie regiert?
Die Selbstsucht verführt.
Ein Mechanismus der Zahl:
Bezahlen.

Ein jeder löhnt dem Markt,
der an Leib und Seele nagt,
das Nichts, das Dich verschlingt,
was keiner zu sagen wagt,
weil das reduzierte Selbst -
im Spiegel erkennt,
das ich und die Welt aber verbrennt.

Von Außen in Dich getragen,
Frisst es Dich von Innen auf,
willst den Widerspruch nicht wagen,
so will es kommen: Asche zu Asche,
Staub zu Staub.

Karl-Peter Gerigk /-kpg-

Rolf Habel,"Kopfwelt", Tusche und Aquarell, 10,5x14,8 cm, 2008

Gefällt mir

Doch berührt es nicht
Oder?
Mitmachen
Können wir hier
Ohne dabei
Zu sein
Oder in welchen Zustand
Du dich auch befindest
Zu oder offen
Oder irgendwo dazwischen
Egal, deine Stimme zählt
Endlich mal
Wahlverdrossenheit
Alle Parteien sind
Sich einig
Da muss was gemacht werden
Mein Vorschlag
Verlegt das Parlament
Macht eine Facebook-Gruppe daraus
Anteilnahme ohne Ende
Volkesstimme
Kopf ab
Oder so
Oder so ähnlich
Schade eigentlich
Der Mensch
Noch zu dumm
Noch zu sehr Tier
Sozial
Das kann
Der nicht
Ich klicke hier
Das gefällt mir

Samuel Schwaetzer

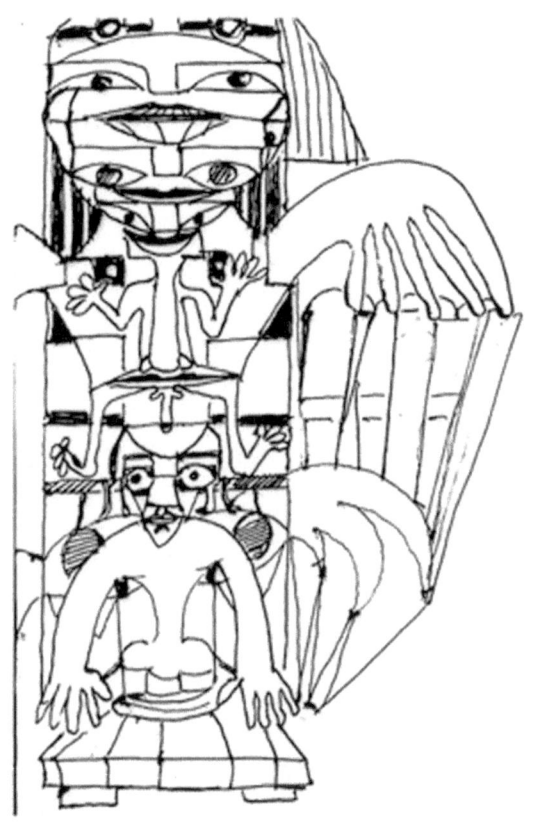

Rolf Habel, "Schichten", Tusche, 12x 10 cm, 1996

Der Vater aller Dinge

erschafft,
den Tod,
zerreißt dem Sohn die Glieder,
verschafft
das Geld,

dem Millionär
und es tönen Lieder -
vom großen Held,
von Lieb´und Ehr´
verloren geht die Würde -
vom Feind -
siegen kann da keiner,
auch wenn es einer meint,
da will wer mehr.

Nass das Gesichte,
verloren...
vom Schlamm und Schweiß,
verschworen...

da machen welche Geschichte,
auf des Volkes Rücken,
Rohr und Gemüt sind glühend heiß´
gewiegelt – und voller verzücken,

„Zu den Waffen",
der Schlichte schreit
das reizende
mitreißende Wort -

die Marionette schreibt:
Geschossen aus dem Lauf,
trifft ins Herz beides.

Zersplittern Granaten
die Knochen.
Vorher:
zerfetzt´ die Hetz´
das Hirn -
die Diktatur will Meinung lenken:
hinter welcher Stirn
bist Du?

Wo lässt Du denken?
Aus welchen Munde
ist
der Hass
gekrochen?
Hast nicht auch Du,
den Mord verbrochen?

Karl-Peter Gerigk /-kpg-

"Alles ist böse"

Alles ist böse
Nichts ist gut
Es ist gnädig

Alles ist Unsinn
Nichts ist Verstand
Es ist Denken

Alles ist machen
Nichts ist können
Es ist üben

Samuel Schwaetzer

Liebe

Dir zu sagen
„Ich liebe dich"
Ist mir schwer
60 Millionen Kunden
einer weltweiten
Fastfood-Kette
lieben es

Selbst Autos lieben
Tankstellen
Hauptsache
gefüttert

„ich liebe dich"
flüstert er
mir ins Ohr
während ich
mich ekele
wo bist du?

Gegenüber
meiner selbst
Liebe dich
Bevor du liebst
Schreibt die
Vierzehnjährige

Am Anfang
glaubst du
später hoffst du
Wobei die Liebe
Das höchste ist

Samuel Schwaetzer

Rolf Habel, "Angstdenken", Tusche, 12x10 cm, 1995

Der Winter

Der Winter
ohne Schnee,
besang schon
die kleine Elfenfee,
als sie den Wald sah´sterben.

Gemacht durch den Dunst,
der aus dem Schornstein kommt,
aus den Droschken,
sind mit Öl betrieben,
aus dem After,
der voll Fleischeslust,
verlernt hat,
die Natur zu lieben.

Das Plastik,
das im Meere schwimmt,
das Fisch und Vogel,
zu sich nimmt,
kommt am Ende,
in euren Darm.

Na – Gemeinde,
hat das nicht Charm.

Der Furz riecht schon,
nach Petroleum,
das Hirn ist von den Gasen dumm,
Elektrosmog und Straßenlärm,
es ist nicht die Sonne,
an er Mensch sich wärm´.

Genug von allem,
sogar zuviel,
das Leben sein nun mal
ein Spiel -

bei dem der eine hat Gewinn,
hungert der Mohr,
ist das nicht schlimm.

So sprach ich lange,
mit Mama,
und bin heut´noch froh,
das sie es sah´
der Tod kommt auch zu Dir,
mein Sohn:

Die andern kennen ihn,
und wissen schon,
das sie ihn längst beschleunigen,
nur wer wird die Erde wieder reinigen?

Was dem einen Müll, ist dem andern Nahrung,
doch das ist weniger wahr,
als Wahrnung.

Karl-Peter Gerigk/-kpg-

Rolf Habel, "Hochstapler", Aquarell, 17x24cm, 2010

Ein Könner – und ein Schöner

Paul: Glaubst Du -
frag´ ich Dich woran,
an das, was einer kann -

frag´ ich Dich, was´ das ist?
–   die Technik diene,
–   aber nicht dem Geld,
–   zur herrschen auf der Welt.
–   sonst verliert sie die Moral,
–   produziert das Fanal -
–   nicht nur den heißen Krieg,
–   mehr weniger, als das kalte Herz -
–   erzeugt die Gier den Schmerz.
Da sagst Du, es ist das Geld, das die Welt, zusammen hält.
Du dienst dem Mammon, der Belz´ ist Dir ein Helfer,
und alle Geilen machen mit, voll Geifer.

Hans: Mir ist alles was da sei,
und was dann kommt, ist einerlei

Paul: Da reklamiere ich das Gute,
denn Du fragst mich danach,
der Mensch sei doch ein Tier,
der Beweise sei die Quote und die Zahl?
Hans: Die findest sie im Almanach,
wir hier oben – die unten im Tal.
Mir das Gut, denen das Fanal.

Was sei denn besser für das Leben,
als das für sich nehmen, als zu geben.
Tugend ist zu vielfältig, zu komplex -
so halt ich es einfältig – als monetärer Rex.
Es geht mir gut, den meinen nicht schlecht.
Ich breche Wahrheit, lüge, biege Recht.
Es ist wie es ist, der Mensch baut Mist.

Paul: Doch es sei – wie es soll,
weil der Mensch Einsicht haben kann,
erhalten möcht' – zu aller wohl.
Gold und Geld sind Mittel,
und Direktor nur ein Titel,
wenn Du nicht hast Maximen,
die dem Leben in Liebe dienen.
Zerstört Du alles was da ist.
Ja - Macht durch Geld ist nun mal Mist.
So sei die Macht dem Guten,
dem Schönen und dem Wahren,
dem, der das Erdenleben pflegt,
Maß hält - und in Liebe hegt.
Glaub' ich nicht an Technik durch und für das Geld,
mehr wohl – an Macht durch den sanften Held.
Hans: Nichts ist gut, was nicht gut tut,
und da bin ich mir näher noch als Du,
ein schlanker Fuß trägt schlanke Schuh,
und ist der gülden mir gemäß,
dann biet' ich Dir mein schön' Gesäß.

Paul: Nicht wundert mich hier Deine Rede,
und alles was d´raus kommen mag.
Du hältst sie wie Sklaven - im Gehege,
gebunden mit Ketten voll' Juwelen,
welche die Armen für Dich stehlen,
aus der Erden Mutterschoß,
und wieder baust Du Dir ein Schloss,
und blendest mit dem Schein der falschen Mächte,
geboren aus dem Schweiß der Knechte.

Hans: Ich seh` - auch Dir gefällt mein schöner Glanz,
mein hoher Hut – mein langer Schwanz. Es treibt dich bald,
denn auch Du willst haben. Ich gebe Dir das doppelte Gehalt,
dann musst Du nicht leben, wie die Schaben.

Paul: Ach – die Schabe und die Laus,
die beuten mein Leben gar nicht aus.
Sie regen sich bescheiden unterm Lichte,
saugen nur wenig und setzen um,
damit sich anderes ernährt,
und sich die Welt bewegt.
Du aber reitest auf einer Woge,
das Gelde ist Dir wie eine Droge.
Doch genau das ist der Unterschiede,

Dein Verstand ist ungemäß,
und wirklich leer ist Dein Gefäß,
und krank bist Du an jedem Gliede.

Es ist nicht mehr, als Hunger treibt,
und erträgt, die Wunde bleibt,
und sammelt nur für Wintertage.

Gib´ dem Armen, dem Kinde an manchen Tage,
und sieht auch an, der wenig habe,
bedenkt dabei, was kommen mag,
sorgt vor, und denkt, wenn Kummer nagt,
mordet nicht, was fremd und neu im Leben
statt dessen lernt es, ganz ohne scheu, zu vergeben,
und respektiert die andere Meinung,
versteht, wenn dort ein Mangel ist,
übersieht, wenn es nicht schadet,
weigert nicht, wenn´s auch beladet,
erträgt auch die Widrigkeiten,
spricht wohl und liebet alle Zeiten,
jeden Mensch und Kreatur,
lobet den Schöpfer in Natur,
achtet auf sich selbst und den Anderen,
glaub´ mir, auf diesem Weg ist gut ´zu wandern,
denn es überreizt nicht Zeit noch Werte,

doch auf dem Wege – mit dem Schwerte zu wehren das, was ist voller Hass.

Karl-Peter Gerigk /-kpg-

Extrem – unangenehm.

Sag mir, wie Du denkst,
wo Du den Hute hängst,
was Deine Gedanken,
Deine Gefühle,
Dein Kopf – und Dein Bauch,
was sind das für Spiele?
Hast Du die Chance,
das Problem – erkannt
und benannt,
setzt die auf Baisse
oder auf Hausse.
*Rennen – bekennen - bekennen und brennen –
verrennen. Geliehen, vertrieben, getrieben, gerieben
– lieben - verlieben – und brennen -verbrennen – so
ist es zu teuer, dieses Feuer – was den Leibe
entflammt. Gib ´ mit das Holze – vom falschen
Stolze, so wird es mir – die Kohle im
Brennholzverleih, geschliffen, gewetzt – zu Tode
gehetzt - am Ende bist Du einerlei.
Sind so die Soldaten vergessen im Graben? Sind sie
für geschmeidiges Gold beinerne Gaben:*
Oh Nein! Es darf so nicht sein!
An der Wurzel gepackt,
ist das Problem,
so kannst Du es lösen,
so wird es schön -
und fein,
so soll es sein.
Nein – radikal,
produziert das Fanal.
Dann macht sich zum Nutze,
der mit dem Gelde,
macht Dich zum Helde -
und zehrt Deine Kraft,
wie Du es machst,

oder es schaffst,
bringt dem noch mehr.
So wirst Du verführt,
zu kämpfen für Nichts,
für Nichts was Dir hilft.
Ein Objekt der Begierde,
der nachahmende Affe,
der Leutnant mit Zierde,
der Kellner und die Karaffe,
der Käufer im Laden,
kann doch nicht schaden,
erbringt er die Summen,
die aufs Konto dem kommen,
der die Schale dir gibt,
der Hagens Glanze liebt.
Veräußerst Du Dich,
im Krieg und im Frieden:
Warum kannst Du nicht lieben,
das Leben!
Die Flamme extrem ist so differenziert
radikal unangenehm.

Karl-Peter Gerigk /-kpg-

Rolf Habel, "Allesfresser", Mischtechnik auf Nessel, 60x40 cm, 1994

Menschenfresser

Glaubst du dir?
Kannst du dich?
Bedingungslos lieben!
Was ist das?
Wer bin ich?
Demut!

Und das ist!
Ein Befehl!
Ich bitte!
Nicht!
Ich befehle!
Demut!
Alles Recht
Ist auf ihrer
Und deiner
Seite
Demut
Unsere Lehrerin
Deine Rettung
Meine Hoffnung
Erzähl mir von Dir
Deine Lieblingsspeisen
Sind deine Seelenreisen
So einfach ist das
Du bist
Was du isst
So einfach
Wird es immer bleiben
Setz dich
Auf deinen
Speiseplan
Und du wirst wissen
Wer du bist

Samuel Schwaetzer

Rolf Habel, "Bewusstgespalten", Öl auf Holz, 30x 22cm, Dat. unbk.

Nimmerlein vom heißen Stein

Es klopft am Ei . Die kleine Echse beißt sich langsam durch die Schale und kriecht auf den warmen Stein, aus dem Erdloch, in das ihr Ei vergraben war. Sie hat noch Brüder und Schwestern – etwa 13 plus eines an der Zahl, wohl sieben Brüder und sechs Schwestern und eine schon Mutter. Nach eine Stunde auf dem warmen Stein kommt ihre Mutter – und sagt: „Ihr alle seid hier vom Stein. Dort geht es zum Bach und hier lang in den Busch. Da gibt es Würmer und Käfer – die könnt ihr fressen." Die kleine Echse denkt noch, ach ist das doch schön hier, als sie mehrere Windböen spürt und einen großen Schatten. „Aach – zischt die Mutterechse noch" – da pickt der Vogel sie auf – und nimmt sie mit. Die anderen Echslein verschwinden in den Hang. Die kleine Echse denkt, „wenn ich groß bin will ich alle Vögel fressen – und viele Eier legen, damit der Hang hier ganz uns gehört – uns Echsen. Die Vaterechse kommt rasch und sieht Nimmerlein, die kleine Echse. Er weiß wohl schon, was sie denkt.

Nein, Du kleine Echse wirst nicht größer als ich. Unsere Brüder, die Drachen – die können Feuer spucken und fliegen – sagen die Alten, und sind viel größer. Aber weil sie fliegen können, tuen sie den Vögeln nichts, denn sie teilen mit ihnen die Lüfte. Aber die Schlange hier, die wird uns helfen, wenn sie auch eher Ratten und Mäuse frisst, können wir uns aber mit ihren Gift bestreichen, das wird den Vögeln nicht bekommen. Aber das tuen wir besser nicht.
Als Nimmerlein groß war verbündete sich die Schlange mit den Echsen, denn Nimmerlein hatte versprochen, sie könne alle Vögeleier haben – und die Vögel starben – mieden den Hang. Und die Echsen vermehrten sich – und bald gehörte ihnen der ganze Hang.

Doch als sie so viele waren, gab es nicht mehr genug zu essen. Weil sie aber nicht genug Nahrung hatten, blieben sie klein und schwach, die Eierschalen wurden dünn und Zahl der Eier weniger. Die Ratten wussten, dass die Schlange ihr Gift auch den Echsen gegeben hatte, und so bissen die Ratten alle Eier der Schlange kaputt – und fraßen die Echsen nicht, sondern bissen sie nur tot. Und bald waren die Echsen wenige und kleiner als vorher und die Schlange flüchtete. Da sagte die Ratten die Echsen tot. „Lass uns von hier weg zum Nachbarhang, da wohnt meine Schwester." sagte Nimmerlein. „Die wird uns helfen." Als sie dort ankommen – es waren nur Vaterechse, Nimmerlein und sein kleiner Bruder übrig – da sagte die Schwester: "Ihr könntet gerne bleiben. Aber wir vertragen uns mit den Vögeln und fressen nur am Blattgrün, wie unsere großen Vorfahren – die Dinos, - und nichts lebendiges. Die Schlange hier hat kein Gift für uns – und die Ratten lassen uns in Ruhe und gehen zu den Menschen. Wenn ihr hier bleiben wollt, dann macht es genauso und werdet wie wir …". Nimmerlein: „Wir sind die Echsen vom heißen Stein, und fressen wir des Zaunkönigs Eier klein, dann ist es uns warm, wie in der Sonne,... .

Karl-Peter Gerigk /-kpg-

Hegeholz

Johannes trifft Mada – die mit einem Bündel Holz aus den Garten kommt.

Johannes: Du warst Holz sammeln, aber es ist doch gar nicht Winter. Es ist Frühling.

Magda: Ich sorge vor. Das was ich aus dem Unterholz hole, kann bis zum Winter trocknen.

Johannes: Das ist klug. Du sammelst etwas, was Du später brauchst. Und es ist besser, aus dem Unterholz zu sammeln – als Bäume zu schlagen. Die müssen auch noch trocknen.

Magda: Ja, Bäume schlagen darf ich hier nicht. Die gehören dem Herren des Landes hier – nicht mir.

Johannes: Du bist recht vernünftig – und vorsichtig.

Magda: Ja, ich schon. Ich brauche wenig. Aber Male. Der schlägt die Bäume und wildert den Hirschen im Gehege.

Johannes: Ihm fehlt die Einsicht. Er ist unvernünftig – und nutzt nur seinen Verstand, sein Geschick sich zu entziehen. Er hat sich auch bei mir Geld geliehen.

Magda: Sei achtsam. Seine Frau ist unbescheiden – und sein Sohn freit um des Fürsten Tochter. Vergiss nicht. Er ist selbst der Förster – und meint, er falle deswegen nicht auf. Auch beschuldigt er immer andere zu stehlen, zu lügen und zu betrügen. Der Fürst geht ihm auf dem Leim. Er stattet ihn immer mit noch mehr aus – und Male knechtet uns alle, mit seinen wachsenden Mitteln.

Johannes: Er schadet dem Wildbestand und dem Garten selbst. Und irgendwann ist er mächtiger als der Fürst.

Magda: Ja – denn er besticht die Knechte des Fürsten zu lügen – und mehrt seinen Besitz durch Mord und Totschlag. Auch ich hab´Angst, dass er mich ungerechtfertigt beschuldigt. Vor Dir hat er noch Angst. Aber glaube nicht Du bekommst Dein Geld zurück. Eher schlägt er Dich mit Frau und Kind tot – und dann hat er Dein Land.

Johannes: Aber so war es doch immer. Wie kommt man sonst zu etwas.

Magda: Du sagst, ich sei vernünftig. Aber ich bin nicht einfältig. Und Du? Denn schon hab´ich mit dem Verwalter des Fürsten gesprochen – und ihm gesagt, was geschieht. Und der Fürst war dabei. Ich sagt ihm, dass der Einschlag den Garten sterben lässt – und dass es kaum noch Wild dort gäbe. Da musste der Fürst mir zustimmen und sagte, dass er das selbst schon gesehen habe – bei seinen Jagden.

Johannes: Du meinst, Male schadet Fürst und Knecht, Land und Leute – und will selbst herrschen.

Magda: Males Frau treibt ihn an. Sei will immer mehr haben. Male ist intelligent, aber doch so dumm, dass er nicht merkt, dass er sich selbst schadet – mit der Zeit.

Und eher die Menschen hier sich unter die Knute seiner Frau begeben, wird der letzte aufrechte Knecht Male erschlagen – und seine Frau landet auf dem Scheiterhaufen. Oder sie stützen den Herren, weil sie nicht verstehen, oder schon gekauft sind. Nur der Fürst kann ihn retten, wenn er ihn vor Gericht stellt. Somit auch seinen Sohn – und das Glück seiner Tochter.

Johannes: Ich verstehe. Nur der Fürst kann Male richten – und seine Tochter retten, weil er jetzt weiß, wie es ist – durch Dich. Weil Du bescheiden bist – und Einsicht hast?

Magda: Und der Fürst die Erkenntnis – zu sehen, das sein Land vergeht, wenn er alles laufen lässt. Am Ende wird er sein Land, die Leute und sich selbst retten müssen.

Johannes: Ja, nicht alles was einer macht ist gut, selbst wenn er es gut tuen kann Oder besser tuen könnte. Und etwas zu können heißt nicht, dass auch tuen zu dürfen. Nicht weil Moral, Gesetz oder ein Fürst dem widerspricht. Sondern weil dieser sich selbst damit schadet. Und gegen Unrecht nichts zu tuen – ist gleichsam falsch.

Magda: Vernunft ist nicht Verstand, aber Einsicht kann auch dem kleinsten widerfahren, selbst wenn dieser nicht klug – oder voll Schläue ist. Doch wenn ich Verstand habe, brauche ich Einsicht, damit ich richtig handeln kann. Und richtig ist nun einmal gut für alles was dem Leben am Ende dient.

Johannes: Und der Fürst kann nur richtig handeln, wenn er weiß, wie was ist. Also was da wildert.

Karl-Peter Gerigk /-kpg-

Rolf Habel, "Kiffer", Buntstift, 8x7cm, 1996

Idiom

Macht einer was falsch,
ist das nicht schlimm,
denn jeder macht Fehler,
nicht ist der ein Hehler.

Irren ist menschlich,
legt einer den Minuspol,
an die Antikathode,
ist der nicht hohl -
das hat Methode.

Irrt sich jemand oft,
weil der auch noch hofft,
irgendwann hat er recht,
und wartet auf den Augenblick,
das er melden könne, sein Genie
ist das ein perfekter Schuss ins Knie.

Hat sein System dann immer recht,
ist das nicht falsch, kein Fehler,
das ist nicht gut, gar schlecht,
denn es ist ein einziges Geflecht,
der macht es zum zerstören,
und jeder kann es hören,
der ist des Geldes willfähriger Knecht.

Mag also der Unterschied ganz klar,
der hehlt mit dem, was er gezeigt als wahr,
und weil es immer genauso war,
sei es auch in Zukunft richtig,
gerade so - wie die Rechnung da,
sei es, was zu beweisen war,
alles andere sei deswegen nichtig,
und eben nur - er der einzige – und stellt sich stur.

Doch dauerndes irren ist eher irre,
nicht menschlich – sondern tierisch wirre,
doch selbst der Idiot mit seiner Logik,
vermeint als ideal den eigenen Trick,
womit er bestimme das Geschick,
der Menschen, die programmiert ihm folgen
ist doch falsch die Idee schon im Ansatz,
zu schweigen für Gold, sonst breche er´s Genick,
so macht der Angst,… ist nicht zu glauben.

Karl-Peter Gerigk /-kpg-

Karl-Peter Gerigk, „Der Instrospekt" - oder die Beobachtung
III. Art, Tusche auf Papier, 2016

IrRealität

Was ist das -
was ich sehe,
Was ich höre,
was man mir sagt -
die Zeitung schreibt -
das Fernsehen zeigt -
die Statistik beweist,
und Rhetorik überzeugt,
was das heißt?

Ist es das, was ich spüre,
was ich rieche und schmecke,
wovor ich erschrecke,
was mich ängstigt -
und bedrängt, was mich überrascht -
wenn einer was schenkt,
was mich erhascht,
war mich pervers erschreckt.
Das Neue, was ich will haben,
mit dem Bauch,
es soll mich erlaben.
Ist es das, was ich will,was ich bin -
: oder macht es mich hin!

Bin ich voll Scheu,
es widert mich an,
das – was ich nicht essen -
und genießen kann.
Ist es real,
irreal,
wirklich,
erleben?
Was mich erregt,
was meine Seele bewegt,
kann mich erschüttern,
mein Mitleid erbitten -

und bin ich dagegen,
will die Nachricht mich hegen,
oder der Schock mich bezwecken,
den Unmuth erwecken,
den Zorn, die Wut und Aggression,
ach ja – das hatten wir schon.

Wenn die Masse sich rührt,
ist sie nicht immer verführt,
vielleicht ist es die Diskrepanz,
zwischen Stampfen und Tanz,
von Bildern und Worten,
uns zu verorten -
mit dem Objekt der Erklärung,
ist Wahrheit die Währung -
ist Real die Information:
Wirklich ist Emotion,
das bewusste Gefühl:

In Interpretation – ist es Vernunft
sie kann sich erschließen,
mit Tränen vergießen,
in Unterscheidung -

zwischen Honig und Dung.

Karl-Peter Gerigk /-kpg-

Rolf Habel, "Selbst", Mischtechnik, 15x10cm, 1972

Mehr Liebe kann ich nicht

Bitte
Sei nicht gut
Dein Versuch
Ein guter Mensch
Zu sein (so als Zustand)
Belastet uns
Alle

Wie auch immer
Du bist
Uns bleibt nichts
Anderes übrig
Nur dich
Haben wir
Nur deine Möglichkeit

Und niemals
Eine Lösung
Denn immer
Bleiben wir

Verbunden

Warum
Fragst du
Und ich hoffe
Du bleibst
Ständig und immer
Fragend
Ohne Antwort

Samuel Schwaetzer

Luna

Du Mensch -
verbrennst -
was er nicht kennt,
beutes aus,
den Mutterschoß,
der Dich ernährt,
doch Du verzehrst -
was erhalten Du soll.

Dem bist Du das Material,
für einen Zwecke,
den Du nicht kennst,
nimmt das Dich aus,
das Potenzial,
was Dir gegeben.

Doch Du rennst,
hinter Dem Leben.
Bist selbst das Stück Holz,
was Du geschlagen,
wie Du abnutzt,
ist kaum zu ertragen,
benützt, verbrauchst und verbrennst,
was gewachsen, und Du verkennst,
was Dich belebet, und zum Leben bekehret,
was der Tod Dir verwehret.,
istt was am Ende Du wohl begehrest.

Das Feuer ist endlich,
die Wärme und der Schein,
wenn nicht redlich,
um Erfahrung und Wissen,
DU dich bemühst, - täglich,
verdorrst Du im Außen,
willst besitzen, nicht sein,
musst verdorren, wirst klein.

Wie die Erde die Mutter,
verstehe den Vater,
da aus Licht Dir erwachsen,
der Baum und die Pflanzen,
nicht zu verbrauchen,
in wenigen Jahren,
deinen Laib nicht zu schlauchen,
sondern zu wahren.

Damit es erstehe,
und bleibe in Ehe,
der Bund der in Liebe
zu erhalten was lebend,
gebend - nicht nehmend,
das Leben verstehend,
ist das sterben -
ein Werden.

Karl-Peter Gerigk /-kpg-

Rolf Habel, "Regen", Tusche, 10x10 cm, 1976

Macht Bilder

Macht Bilder, Bilder macht.
Zu beweisen -
ist ohne Wort -
ein Zeichen.
Bewegend,
einhegend -
dringt in Dich ein,
in das Gehirn -
in das Gedächtnis,
das Sensorische, Kurzzeitige,
gespeichert – gebettet -
in Wissen,
wenn Menschen sich Küssen,
lieben sie!

Lieben sie...
oder ist es Propa-agenda?
Manipulation, - eine Form der Osmose,
mittels Hypnose
Kommunismus – wo man mit muss,
Nationalismus, hatten wir schon.

So ist es ergreifend,
übergreifend -
über Verstand und Vernunft,
des Wissens Zusammenkunft.
Generiert es Traditionen,
Organisationen,
Texturen und Strukturen,
Damen und Huren,
Herren und Knilche,
alles sind welche -
 in ihre Köpfe dringt ein -
in ihren Bauch -
fühlst Du es auch?

Fühlst Du es,
wie es Dich anrührt -
und aufrührt?

Es wird Dir geboten,
von Ikonen bis Zoten,
Skulpturen und Noten,
In Schrift und gemeißelt,
hast Du gespürte,
wie es Dich geißelt.

Du wirst unbemerkt,
genommen – benommen,
vernommen – verkommen,
den Gipfel der Macht -
eh´du gedacht -
bist die das Objekt,
das gar nichts mehr merkt,
das rennt und bekennt,
was dir ist nicht eigen,
was Du nicht willst – und nicht bist!

Das Leben ist jetzt, weil es Dich hetzt!

Dann Kommt da einer?

Kommt da einer,
oder mehr,
im Boot gefahren,
über´s Meer,
weil ihn Durst und Hunger treibt,
und er sich die Augen reibt.
Hat erstrebt die edle Freiheit,
doch der Tod im Hochzeitskleid,
nahm ihm Mutter, Schwester, Bruder,
und es riecht nach dem falschen Luder.

Ist da einer?
Ist verführt, mit vollem Drang,
mit Schwergeklirr und Eifersang´
zu haben und werden mehr,
denn das Leben ist nicht fair.

Nicht gerecht ist die Verteilung,
von Geld und Gut, von Brot und Kleidung,
von Öl und Wasser gleichermaßen,

ein goldner Wasserahn, ich kann´s nicht fassen.
So kommt der geschundene, arme Mensch,
dahin wo man ihn nicht kennt,
wo Schwein liegt auf den Tisch zum Essen,
und beten wird da ganz vergessen.

Gibt ab seine Lebensweise,
und spricht mit Allah nur ganz leise,
zeigt auch das er anders ist,
durch seine Augen und Gesicht.
Davor fürchte sich der Eingesessene,
ob Bayer, Friese oder Hesse,
der verschmäht ja selbst das Eisbein,
doch mit meiner Tochter will der sein.

So geht es nicht: Assimilation.
Den Glaubenskrieg, den gibt es schon.
Den wollen wir hier nicht haben,
der ist nicht anders als die Schaben.
Wenn der nicht zu Kreuze kriecht,
und weiter von den Propheten lügt,
dann geht der flux wieder Heim.
Denn so wie der, will sich nicht sein.

Will der hier bleiben, muss der sich ändern,
ganz Recht: Frau und Kind´ und Haus und Hof
als das ansehen was es ist.
Gebaut und etabliert seit Generationen.
Will er Arbeit, kann ich ihn schonen.
Dann hat er Geld und kann sich´s leisten.
Wie Hierzuland´ eben die Meisten.
Ein Dach und Brot, ein Heim aus Fleiß,
und solange bis da einer weiß,
das wir alle sind Gottes Wesen,
Frau und Kind, Kein Mensch ist Eigentum,
sondern sei frei im Willen und im Tun.,
dies Wissen, sei hier nicht nur im Stille, man kann es lernen
dass alles Kreatur zu schützen, ob Tier, ob Baum,...
und sei auszunützen...eben nicht
Freiheit ist des Menschen Traum,
verführen tut da nur der Wicht, denn
zum Kriege führt die Lüge!

Karl-Peter Gerigk /-kpg-

Rolf Habel, "Wesen", Bleistift auf Papier, 10x15cm, 1973

MiniMax

Mini ist wenig
Maxi ist viel
MiniMax ist
wie MaxiMin-
Ein Spiel!

MaxiMin will,
nun sein doch mal still!
Das Maximum,
mit möglichst wenig: .
Am Ende ganz viel!

MiniMax ist nicht anders,
und der Ökonom kann das,
will das vorgegebene Ziel,
mit möglichst wenig:
Am Ende zu viel.

Dem Staat als Unternehmen
fehlt es an Benehmen,
er hat den Habitus -
der ungereiften Kokusnuss!

So was zwischen gold- und grün
mal im Mini – und recht schön,
dann im Maxi bräunlich, himmelblau,
ist nicht klug – und macht auf schlau.

MaxiMin und MiniMax
ist die Theorie,
nicht zu Ende gedacht -
und was sie macht:
Wenige reich,
vom Mammon hängt´s ab,
die Masse zu arm,
zum Leben zu knapp!
Nur die Liebe hält warm.

Karl-Peter Gerigk /-kpg-

Marktwesen

Du ernährst es,
das Wesen, dass in Dir funktioniert,
das dich frisst,
das dich küsst,
und es verbrennt Dich,
es bringt dich in Not,
es macht dich Tod.

Es ist deine Gedankenlosigkeit,
die Eitelkeit – die es benützt,
dein Übermut, deine gierende Wut.
Dein Geiz, denn es reizt,
selbst trinkst du das Blut,
jener, die Opfer sind und ohne Lebensmuth.
Das immer währende Begehren, das ver-wehren,
die lieblose Wollust, die macht dir Frust.

Nie hast du erreicht, was dem Anderen gleicht.
Deine Rachsucht, die ungezügelte Wut,
die nimmt dir jeden Liebesmuth,
Maßlos eiferst du hin und her,
das, was dir bringe von allem mehr.
Die Eifersucht und Missgust, dein Neid,
das macht den Tod das Bett bereit,
der Mord, das sinnlose töten,
und deine Trägheit ist Herzensleid,
lässt dich schon gar nicht mehr erröten.

Es beginnt ganz leise,
auf immer der gleichen Weise,
Du tust was dich tarnt und was dir nützt,
täusch´ dir nicht, du schließt die Augen,
wenn der Wahrheit Licht erblitzt.
So lebst du im Dunkel, des schwarzen Loches,
wirst hineingezogen – und verdorrest.
Zunächst ist es nur die Täuschung,
doch auf den Fuße folgt die Heuchelei,
erst kommt die Lüge, dann der Betrug,
und immer noch hast du nicht genug.

Berauschst den Geist,
dass der Körper leidet,
und das schlechte Nichts,
sich am Elende weidet.

So mehrst Du, was nicht ist,
im Kerne leer, vom Geiste schwer.
Es läuft am Ende auch ohne Dich,
und vernichtet alles, was da ist,
was und wer Du bist,
aufgezehrt und ausgedorrt,
ist es der anonyme Mord.

Karl-Peter Gerigk /-kpg-

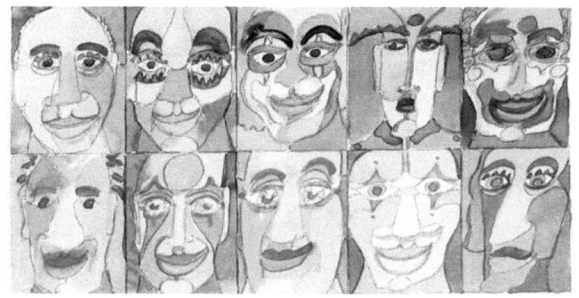

Rolf Habel, "Zehnmal", Aquarell, 24x32 cm, 2011

Neun Staaten – und die Lämmer

Es sind neun Staaten und drei Inseln mit Affen. In dem einem der Staaten auf dem Festland wohnen Eulen. In dem anderen Falken. In einem weiteren und in allen die Schafe. Es waren viele. In einem vierte, fünften und sechsten drei Arten von Adlern, kleine, große und Riesenadler.

In einem siebten die Drachen, die Feuer speihten. In dem achten die Wölfe auf einer zweiten Insel. In einem neunten Löwen- auf der dritten Insel. Alle lebten weitgehend in Frieden, nur die Schafe litten, weil sie gefressen wurden. Selbst die Kaninchen auf der dritten Insel lachten über die Schafe. Sheaper ging zu Beawulf – und sagte: „Wenn ihr uns von den Adlern befreit, dann opfern wir immer das erste Lamm im Monat Beo – eurem König. Und ihr könnt mit uns wohnen, wenn ihr uns verschont. Fresst die Affen, die sind sowieso für Nichts nütze".

Die Wölfe vermehrten sich darauf hin immer weiter und es wurden immer mehr. Da beschlossen die Wölfe, alle drei Inseln zu besiedeln, weil es überall neben den Schafen auch die Affen gab. Die Affen ernährten sich von Obst.

Sie fuhren mit einem Boot zu ersten der drei Inseln. Dort fraßen sie alle Affen. Mit den zwei anderen Inseln taten sie dies genauso. Jetzt besaßen sie einen Staat mit drei Inseln. Sie lebte in Saus und Braus auf ihrer ersten Insel. Die Stadt der Wölfe.

Auf der ersten Insel der Affen bauten sie Schiffe und holzten alle Bäume ab. Auf der zweiten Insel der Affen, bauten sie eine Festung. Auf der dritten Insel der Affen, vermehrten sie sich, sodass die Inseln bald zu klein waren.

Da überfielen sie den Staat der Schafe. Das sahen die Falken. Sie folgen zu den Löwen. Die sagten, sie würde das nicht kümmern. Sie hätte genug zu fressen – und die Wölfe kämen sowieso nicht zu ihnen gefahren. Die Falken flogen zu den Adlern. Die sagten, es würde sie kaum kümmern, denn sie hätten genug zu fressen, und die Wölfe würden ohnehin nicht zu ihnen kommen.

Da flogen die Falken zu den Eulen. Die dachten nach – und sagten. Ja – wenn die Affen tot sind, und alle Schafe gefressen, die Bäume abgeholzt sind und die Wölfe auf den Inseln keinen Platz mehr haben, dann kommen sie zu uns aufs Festland, denn wir haben Bäume und Platz.

Zusammen folgen Falken und Eulen zu den Drachen. Die sagten: Wenn die Löwen nur zuschauen, warum sollen wir uns einmischen. Die Eule sagte: Weil ihr auch Bäume habt, zwischen denen eure Jungen das fliegen lernen. Zusammen folgen sie wieder zu den Adlern und Löwen. Doch bei den Löwen sahen sie, dass die vielen Wölfe den wenigen Löwen alles wegfraßen, die Bäume abholzten und die kleinen Löwen zerrissen.

Zwischenzeitlich waren die Löwen so dezimiert, dass sie sich nicht mehr wehren konnten. Und immer mehr Wölfe kamen auf immer mehr Booten in die Städte der Eulen, Falken und Drachen. Da sagte der Dragon: Wir werden die Wölfe angreifen und zurückschlagen.

So griffen die Drachen die erste Insel der Wölfe an, und spuckte soviel Feuer, dass alle Schiffe der Wölfe verbrannt wurden. Die Adler griffen in drei Wellen immer wieder die Festung an – und als Beowulf tot war, flohen die restlichen Wölfe. Die Falken aber schlugen die Wölfe in ihrer Heimatinsel und rissen alle Jungen der Wölfe und die Wölfinnen.

Nur langsam erholte sich das Leben der Löwen. Die Wölfe trauten sich aber nie mehr von ihrer Insel. Und die Frau von Beowulf sagte, hätten die Adler nicht so viele Schafe gerissen, dann wäre niemals zu ihnen gegangen, und hätte den Rat von Scheaper befolgt. Der Fuchs, der nur Kaninchen fraß dachte: Das ist eine Lüge, denn auch die Schafe wurden Opfer der vielen Wölfe.

Karl-Peter Gerigk /-kpg-

Schublade

Hast Du Schmerzen, in der Leiste -
drückt das Hühnerauge Dich,
frisst Du beim Abendmahl das Meiste,
oder ist der Ausgang dicht,
bläht es - oder brennt der Sod,
gehst Du flux zum Mediziner,
soll Dir Helfen in Not.

Der fragt und doktort an der Krankheit,
findet – was Dir unbekannt,
er hat studiert und ist gescheit -
hat Dir das Weh auch schnell benannt,
und ´ne Pille Dir verschrieben,
ganz in weiß – und zum verlieben.

Und in der Apotheke dann,
zeigst Du den Zettel dem Drogerist,
der Dich gut beraten kann,
was auch sonst noch mit Dir ist.
Für jedes kleine Zipperlein,
schmeißt Du die Tablette ein.

Du stehst vor der großen Theke,
mit all´den vielen Mittelchen,
in jeder Lade gibt es da,
ein Kraut, ein Saft für dies und das -
ja – mehr Sport – und saufen lass,
und was Dir hilft – man kennt Dich ja.

Früher war´s der alt´- Schamane,
der mit Gras trieb´in den Wahne,
Dich mit Träumen sucht´zu heilen,
mahnte Dich nicht zu beeilen,
sondern zu sehen ins Himmelsblau,
und zu trinken Morgentau.

In jeden Kasten hat der Arzte,
was gegen Pickel und die Warze,
jedes Gefühl – ob gut – ob schlecht,
ist zu machen – wie es recht.
So denkst Du selber: „Ach bin ich krank"
stehst Du vor dem Mittelschrank.

So formt sich langsam der Gedanke,
ganz wie die Lade – in dem Schranke,
sowohl beim Kranken – wie beim Heiler,
der nicht nur was gegen Weh und Ach,
sondern auch was für´s Spinnen hat.
Denn fehlt Dir Nichts – wird was erfunden,
und die Besserung muss Du bekunden!

So hast Du oftmals was Du denkst,
und was Die siehst – ist was geschieht!
Und was die Krankheit in Dir tätigt,
hat sich schnell von selbst schon bestätigt.

So ist es der Sinn der Diagnose,
erst kommt was in – dann aus der Dose.
So steckt manches Denken in der Lade:
verfestigt sich – das ist doch Schade.

So sind auch Gerüchte nur Geschwätz.
- doch selber merkst Du es zuletzt,
wenn Einer Deiner krankhaft hetzt,
und das Worte sich in Hirne wetzt ; -Schade!

Karl-Peter Gerigk /-kpg-

Rolf Habel, "Tagtraum", Tusche und Aquarell, 40x30 cm, 2011

Sandalen

Wenn Du Dich selber nicht erbarmest,
wenn Dein Herz, an Sorge lahmend,
der Übermut Dich treibet an
Eitelkeit, Hochmut und Größenwahn.

Willst Du alles sofort haben,
nicht gibt's – alles begehrst,
zügellos Dein leben lebst,
dich am Fleische aller, willst nur laben,
ungemäß´ die Frau benützest,
auf Rache sinnst, und wütend schlägst,
zornig bist, das Kinde legst,
frisst und nur an Dich alleine denkst,
ungerecht den Diebe hängst -
ist das ein Sein, -
bist Du sicher, dass Du lebst?
Wenn, Du -
neidisch auf den Bruder schaust,
das größte Haus, Dir selber baust,
den Widerspruch gar gänzlich vermeidest,
niemals mit dem Schwachen leidest,
und faul auf dem Erreichen ruhst.
Dann – wenn Du selber bist in Not?
Nicht dich kümmert, wenn einer Hilfe ruft,
egal Dir ist, was so in der Welt passiert,
zeigst Dein Geld, ganz ungeniert,
dann, freu´ Dich über trocken Brot.

Denn es wird die gute Tat,
auch Dein Gewinn,
obwohl Du übest Verrat und Widersinn,
am Leben und an der Schöpfung,
zum Schaden Deiner Selbst.

So sei es Dir nicht angerechnet,
kommst Du zurück, auf dem rechten Wege,
und im Leben Richtung hälst,
und aufrichtig willst tun nichts mehr Schlechtes,
erspürst Du der Liebe ganze Kraft,
die Glück verspricht und Leben schafft,

den wahres Leben findest Du,
wandelst Du in Jesu Schuh.

Karl-Peter Gerigk /-kpg-

Täusch´ Dich nicht!

Thomas, dem ein Bein fehlt – und dessen linke Seite gelähmt ist, sitzt am Abend beim Feuer. Er sieht Jonathan kommen, geführt von einem Hund. Thomas sagt zu Jonathan: „Setze Dich, damit es Dir warm wird – und für Deinen Hund hab´ ich etwas". Der Hund trinkt und frisst – und Jonathan setzt sich. Jonathan fragt Thomas:" Wer bist Du?" Da antwortet Ihm

Thomas: „Ich bin der Gelähmte von Askelon – Und wer bist Du?" Jonathan sagt: "Ich bin der Blinde von Ashdod – mit seinem Hund Jesse. Doch sag` mir was das ist? Mir scheint Wärme – die ich fühle – und das Licht, was ich sehe, ist nicht das Selbe. Tagsüber, beginnend wenn ich erwache, vernehme ich schwaches Licht – und es wird immer stärker und stärker – und immer wärmer, manches Mal sogar heiß. So muss ich mich unter einen Baum setzen. Das Licht wird schwächer – aber die Wärme auch. Und dann, je mehr Stunden vergehen, nehme ich wahr, wie das Licht und die Wärme schwindet –, alle Wochen jedoch, ist ein kalter Lichtpunkt am Himmel zur Nacht. Nicht hell, aber meine schwachen Augen vermögen es noch wie einen schwachen Schein zu sehen. Doch bei dem Lichtpunkt ist es still. Nur höre ich die Eule fliegen, den Schakal bellen, was mich irritiert. Aber Jesse ist bei mir. Bei dem warmen Licht am Tag höre ich die Bienen summen, die Vögel zwitschern, den Löwen brüllen – und den Falken schreien. Doch ich kann keinen Punkt ausmachen – und verstehe nicht. Denn wenn ich zu Dir komme, ist da ein flackernder Lichtpunkt – und es wärmt. Was ist der Unterschied, was ist anders?" Da spricht Thomas: „Du hast Glück, denn Du kannst gut gehen mit Jesse. Aber Du siehst nicht Sahra, die Taube an meiner Seite. Sie sieht – aber hört doch weniger als Du. Sie sah Dich früh, und stupste mich an, Du mögest Dich zu uns gesellen. Und Matthias hier bei Sahra ist stumm. Er hört, doch kann nicht reden. Sarah und Matthias sind ein Paar. Sie kommen vom Jordan und wandern mit dem Bettelstab durch das ganze Land, weil sie keine Arbeit finden. Nun, das bei Sarah, Matthias und mir ist ein Feuer. Ich muss es zünden mit Tayalot, den ich von einem Araber namens Ahmed geschenkt bekam. Er habe ihn von einem Sohn der Phönizier – der ihn von der anderen Seite des Meere gebracht hat. Nur wenn ich viel Stroh zum zünden habe und immer wieder Holz auflege, wird es warm. Wenn ich hier sitze und Du stehst, werfen wir Schatten, kurze und lange. Das Feuer flackert durch den Wind und die aufsteigende Hitze, und die Schatten bewegen sich. Es soll die Raubtiere der Nacht fern halten, denn sie fürchten sich vor dem bewegten Licht. Es gibt und Wärme und schützt uns. Doch das Holz ist kein Zunder nur für Feuer und wir schlagen keinen Baum dafür, nichts Lebendiges töten wir und werfen nicht etwas ins Feuer, was uns nicht gegeben ist. Und wir kochen nur den Fisch und das Lamm, wenn wir hungrig sind. Wir nehmen nur das Holz, was gebrochen ist, angetrieben wird und darniederliegt – und sonst keinen Zweck hat, nicht als Moder, nicht das Pilze darauf wachsen, nicht um den Boden zu nähren. Und das Stroh, das Holz und der brennende Stein wird zu Asche, die wir als Dung auf die Felder streuen. Alles geben wir der Erde wieder, um das zu erhalten, was da ist für unser Leben: Wärme und Licht, Wasser und Brot. Und Du siehst, dass uns das Licht zusammen bringt und spüren lässt, wie gut es ist, nicht alleine zu sein, damit wächst was gut ist und alles leben kann, was die Schöpfung hervorbringt unter der Sonne und dem beschienenen Mond. Du fühlst die Wärme des verbrennenden Holzes – und wenn Du zu nahe kommst, wird es heiß. Doch die Hitze des Himmelssterns bleibt Dir fern. Er kommt und geht – doch was sich dreht – ist die Erde, auf der Du stehst.

Was sich bewegt ist Dein Standort, dass bist Du – und der Himmelsstern wärmt die Erde – und alle die darauf kreuchen und fleuchen, die dort leben, so wie Du. Der Stern bleibt fern – und ist er nah, belebt er die Welt, dann ist sie bunt. Das Lich belebt die Wesen. Sie fliegen und zischen, ringen und singen, laufen und raufen, schreien und weinen, freuen und reuen – der eine eher – der andere kaum. Wenn sich die Erde nächtens von Himmelsstern wegdreht, bescheint er die andere Seite – und es ist, als kehrt der Himmelsstern wieder. Doch wer sich bewegt bist Du".

Jonathan: "Es scheint – als hättest Du recht. Doch wie ist es mit dem Lichtpunkt nächtens?" Mir ist es, als könntest Du mir darüber sagen. Thomas: "Es ist dunkel in dieser Zeit. Und der Nachthimmel zeigt viele Lichter, auch wenn sie Dir verborgen sind. Der hellste Punkt aber, den Du noch siehst, leuchtet selber nicht. Er ist vom Himmelsstern beschienen. Ja – er bewegt sich – nun allerdings ist es zweimal schwer, das Licht zu sehen. Der Mond dreht sich um die Erde, und mit der Erde um die Sonne, den Himmelsstern. Er zieht das Wasser auf zu

Gebirgen – und die Erde selbst wirft auf ihn den Schatten, sodass er zweimal halb, aber einmal ganz verschwindet. Nur alle dreißig Tage ist er voll Licht, von einer Seite, die Du siehst. Aber Täusch´ Dich nicht. Er strahlt nicht selbst. Er ist auch nicht gezündet. Kein Zunder ernährt den Mond, dessen Sichel sein kommen und Ende ankündigt. Kein glimmendes Feuer brennt von Ihm und kein glühender Stein ruht in seinem Kern. Er wird beschienen von der Sonne". Jonathan: Die Sonne aber strahlt selber, sie wärmt mich und alle Menschen, alles Getier und alle Pflanzen – und dörrt die Wüste, dort wo kaum noch Leben ist. Thomas: "Mehr noch. Was Du siehst ist Helligkeit – und das Dunkel. Das ist grundlegend. Du spürst den Schatten, dort wo weniger Licht ist der Sonne – und die kühle der Nacht, die reflektierende Orientierung des Mondes. Doch wenn Du eine Glasscherbe vor die Sonne hältst, bringt sie das Licht auf einen heißen Punkt – oder die Scherbe zerstreut das Licht in Farben – bunt, wie der Regenbogen". Jonathan: "Ich danke Dir. Der Regen ist nass – und stillt meinen Durst. Doch was ist dessen Bogen" -?- Thomas: "Der

Regen ist klar. Nicht dunkel, nicht hell – doch voller Licht und Farben, wie die Nuancen von warm und kalt. Der Regenbogen ist bunt, wie Nacht und Tag voller Temperament, so ist das Licht voller Facetten, die sich unterscheiden und zusammen gehören und voller Kraft sind. Und der Bogen reicht von der Erde zum Himmel und wieder zurück.

Karl-Peter Gerigk /-kpg-

Verzehrend

Morgens
stehst Du auf
springst in die Kleider,
ein Kaffee im Stehen,
das Brötchen für unterwegs,
im Gehen.

Im Bus viel Gesichter,
Großstadtlichter,
Haltestelle – aussteigen.
Treppauf, Treppab.
Herr Müller, „guten Tag",
auch wenn ich dich nicht mag.

Den Computer an.
Sing-Sang.
Tagesleid,
es rennt die Zeit.
Es zieht an Dir,
die Energie,
es saugt,
die Kraft -
der fremdbestimmte Tag.

Du denkst,
es ist verkehrt,
weil es Dich verzehrt.
Es von Dir fließt.
Dein Herz wird kalt,
Dein Gesicht wird alt.

Und mehr Wert hat das System.
Abgeschöpft wird von Deinem Leben,
weil sie mehr nehmen als geben.
Und müde wird Dein Geist,
weil es Dir ein Mehr verheißt,
wovon?
Das Du weiter kommst,
aber wohin?

Mehr Gehalt – und keinen Sinn.
So füllst Du mit Deiner Arbeit,
mit Deinem Körper und Deiner Seele,
mit Geld – wo Nichts war,
Nichts ist – und Nichts sein wird,
außer Geld – und wirst verbraucht,
es laugt Dich aus,
was bleibt ist Asche und Rauch.
Du stirbst am lebendigen Leib,
und alles geht mit der Zeit.

Karl-Peter Gerigk /-kpg

Rolf Habel,"Eingang", Tusche, 12x15 cm, 1995

Was dich ernährt.

Was ist es,
was Dich ernährt?
Das gute Wort,
was dich erhebt,
das Gebet.

Der Glaube,
an den Mensch,
der ist, wie er ist,
mit Schwäche und Leid,
mit Freude und Zeit.

Die Stärke des Mantra,
die Wiederholung,
gibt Dir Sicherheit.
Das Brot,
aus Korn gemahlen.
Der Wein - und wenn er berauscht.

Das Sonnenlicht,
das die Nacht vertreibt.
Der Bruder, der Dir verzeiht.

Die Nacht,
in der das Feuer Dich wärmt,
in der Du Deinen Schatten wirfst.

Der Schlaf,
der dich umhüllt,
Träume gebiert,
und Sehnsüchte stillt.

Die Schwester,
die Deine Hand hält,
und der Gatte, dem Du vermählst.

Der Morgen,
der dich erweckt,
und Leben bezweckt.

Alles was Kraft Dir gibt,
und nichts nimmt,
was Du brauchst...
ist Liebe
zum Leben,
ist Stärke des göttlichen Lichtes!

.Karl-Peter Gerigk /-kpg-

Was Ihr wollt

Was ihr wollt,
das weiß ich wohl,
ihr macht bereits
das Kinde hohl.

Ihr schätzt -
und schwätzt,
und erkennt nicht eure Lage,
das, was ihr meint,
dass lasst ihr vage.

Ihr hetzt,
und rächt -
und bohret eure Theorie,
mit Gewalt in des Volkes Kopf
die Stücke eurer Ideologie.

Ihr wetzet,
und lächzet -
nach mehr Gewinn,
macht den Bürger zum Objekt,
hat es auch gar keinen Sinn,
reicht ja, wenn es einer scheckt.
Mit Betrug und Lüge,
verteibet Leben und Liebe,
alles in Veräußerung,

verliert der Mensch die Orientierung,
es ist des Geldes Weltregierung.
So treibe ihr aus,
und sammelt ein -
und stecht das Metz,
ins Herz hinein,
und wollet alle besser sein,
als der, wer arm ist und allein.
Es ist die Selbstbestätigung,
die euch dahin bringt,
die innere Verstädterung,
mit Babels Bau als Leuchtturm,
wenn auch falsch – der alte versummt,
der Junge, der das Lied des Mammon singt.

So seid ihr kaum geboren
und habet Nichts, seidet nur verschworen,
die Macht die aus dem Gelde ist,
hat das Leben längst verloren.

Karl-Peter Gerigk /-kpg-

Wie Dir!

Eine Kraft -
die Dich belebt,
die es schafft.
Den Sinne hebt,
den Frieden webt,
von Mensch,
zu Mensch,
gefühlt -
und verstanden.
Kannst Du es hören,
kann sie auch sehen,
kannst schmecken,
es riechen – und fühlen.
Erspüren.

Versprühen, den Reichtum des Herzen.
Begreifen.
Ertasten, - mit Freude und Schmerzen
selbst im Dunkel,
von November bis Märzen.
In der Sommerhitze
verbrennst Du dann,
erkennst du wann?

Der Kairos ist immer.
Von Mutter zu Kind,
von Vater zum Sohn,
von Bruder zu Schwester,
und anders herum.
Gewaltlos und frei,
im kindlichen Ringelrei.
Geschützt und geborgen
aus ihr geboren,
feste geschworen -
beim Weißen und Mohren -
ist es gleich -
macht stark und weich.

Und doch voller Leiden,
wie Dir soll es ergehen mir.
Bringt Schönheit hervor,
durch innere Sein.
Im Leben und Sterben,
es zu erwerben.
Geschritten durch Thore,
besungen vom Agelus-Chore,
in die Ewigkeit - immer zu Zweit -
und Alle - wird nicht mehr vergehen,
zum Lieben bereit. Allezeit! - Im Leben!

karl-Peter Gerigk /-kpg-

Rolf Habel, "Wir", Tusche, 14,8x14,5 cm, 1996

Wunderbar

Du wunderst Dich?
Du – der gekommen,
um zu rauben.
Du – der ohne Glauben,
hast genommen,
alles was mir war von Wert.
Du – der hat gestohlen,
der mich zwang, und unverholen,
gelogen mit dem Worte –
und mit Schwert, das nur Goldene ehrt.
Brauchtest Du denn alle das,

es macht Dir wohl das Morden Spaß!
Nicht einmal aus Überzeugung,
Nein – aus gieriger Übertreibung,
nimmst Du der Mutter selbst das Kind,
schmiedest einen Sklavenkette -
und fragst nicht, wer Wir sind.
Du und ich – wir beide.

Wundere Dich nicht.

Den Tod brachtest Du mit zu meinesgleichen,
denn Gold und Platin würd´ nicht reichen,
was zu zahlen für den deinen Herren,
ich hoffe, dieser bleibt mir ewig fern.
Denn es ist zu offensichtlich,
das Du nicht Diener – sondern falscher Knecht,
der nicht denkt, sondern ist mechanisch,
und tut sich selbst am liebsten Recht!

Mein ganzes Land hast Du verdorben,
meinen Vater – der gestorben,
geschändet, wie sein Brot und Grab,
den heller sei dein Aug´ und Haar,
und an der Haut, man sieht´s sogar,
erkenne man den Unterschied,
und meiner Mutter die verschied,
lachtest Du ins Angesicht,

wer glaube, der sei ja nicht ganz dicht!
An Gott, an Engel, Geister und die Ahnen,
wundere Dich nicht – und lass´Dich warnen.

Es gäbe doch nur was man sieht,
und wenn man berechne, was geschieht,
könne man die Welt beherrschen,
man müsse nur Herzen und Knochen brechen,
derer, die dumm und voller Ängste,
Mut sein nun -mal mit Gewalt,
zu mehren den Haufen voller Gold!?

Und doch kannst Du mein Bruder (Schwester) sein,
Du bist es schon, sag´nur nicht nein,
denn was Du nicht siehst, das ist Dein Ende,
was Gottes Gnade für Dich wende,
doch verlass Dich nicht,
was ergibt für Dich die Zahl,
ist ohne Hoffnung immer Qual.
Du kommst nicht ohne Gut in Gottes Sphären,
doch gut ist wie – dem WIE-DAS-WAS zu wehren, das, was wie
nur das Gelde – ohne Sinn, will mehren.

Karl-Peter Gerigk /-kpg-

Ursprünge

von Gregor Bendel

Vom Ursprung des Tabaks. I. (1)
Fischer hatten sich am Ufer des Wassers niedergelassen, um ihre Fische zu braten. Einer von ihnen öffnete mit seinem Messer den Bauch eines großen Fisches (2) und entdeckte darin den Tabak (3).

Rainer Hess, Acryl & Wein, Bristolkarton, 13x13 cm, 2008

Er versteckt den Fisch und raucht nur nachts, hinter dem Rücken seiner Gefährten. Diese riechen den Duft und überraschen ihn. Da entschließt er sich, mit ihnen zu teilen. Aber die Männer ziehen den Rauch ein, statt ihn auszustoßen. »So darf man nicht rauchen«, erklärt ihnen ein übernatürlicher Geist, der die Form eines Vampirs (4) angenommen hatte.

»Macht zuerst ouufff..., und sagt dabei: Großvater, empfange den Rauch und entferne von mir das Übel! Sonst werdet ihr bestraft, denn der Tabak gehört mir.« Die Fischer gehorchten nicht, und so waren sie am nächsten Morgen fast blind geworden, in Fischotter (5) verwandelt. Aus diesem Grund haben die Otter (6) ganz kleine Augen (7). **Rainer Hess, o.T,**

1 C L-S, *Mythologica I, Das Rohe und das Gekochte, Sonate der guten Manieren*, S.143, M 27: Bororo.

2 Ein Kudogo, ein nicht-identifizierter Fisch; port. »abotoado« , *E. B.* = Albisetti, C., und Venturelli, A. J.; *Enciclopédia dia Boróro*, Campo Grande 1962.

3 Hier lässt sich präzisieren, daß der Bororo-Terminus *mea* nicht nur den wirklichen Tabak und die benachbarten Arten der Gattung *Nicotiana* bezeichnet, sondern auch mehrere Arten von aromatischen Blättern, die auf dieselbe Weise geraucht werden. Unseren Quellen zufolge würde sich die folgende Erzählung - M 26 - auf *Nicotiana tabacum* beziehen, die zum Bokodori-Clan gehört, und diese oben nacherzählte - M 27 - auf ein Anemonengewächs, das dem Paiwé-Clan »gehört« (Colb., S. 212; 3, S. 213; E. B., Bd. I, S.287, 959).

4 Anstatt eines Vampirs wird hier wohl die weitverbreitete Vampirfledermaus gemeint sein. Eine ältere Version (Colb., S. 210 f.) enthält nicht die Episode des Vampirs. Der Held Baitogogo, der »den Tabak für Seelen« in den Bauch des Fisches gelegt hatte, dieser Baitogogo selbst ärgert sich darüber, daß seine Untertanen den Tabak schlecht rauchen und verursacht daraufhin ihre Verwandlung in »ariranhas«.

5 Arianhas: Bororo: *ippié, ipié;* ein Wort, das Colbacchini in seiner Übersetzung mit »lontra«, Fischotter, wiedergibt und von dem er im Glossarium eine seltsame Definition liefert: »um bichinho que fica a flor d'agua«, S. 422. Vgl. Magalhães, S.39 und *E.B.*, I, S. 643: *ipié*, »arianha«. Normalerweise bezeichnet »arinanha« den Riesenfischotter *Pteroneura brasiliensis*, der über 2 Meter lang werden kann; doch in Zentralbrasilien und Südbrasilien bezeichnet dieses Wort den normalen Fischotter (Ihering, Bd.36, S. 379).

6 Somit gibt diese Erzählung nicht nur Aufkunft über den Ursprung des Tabaks, sondern auch über den Ursprung der kleinen Augen der Otter.

7 Colbacchini, A., und Albisetti, C.,*Os Boróros Orientais*, São Paulo-Rio de Janeiro 1942, S. 211 f.

Vom Ursprung des Tabaks. II. (1)

Die Männer kehrten von der Jagd nach Hause zurück und hatten, wie es Brauch ist, ihre Frauen herbei gepfiffen, damit sie ihnen entgegenkommen und ihnen helfen, das Wildbret zu tragen.Auf diese Weise belud sich eine Frau (2) mit dem Stück einer Boa-Schlange, die ihr Mann getötet hatte; das Blut, das aus dem Fleisch tropfte, durchdrang und befruchtete sie.

Noch in ihrem Schoß, führt der »Sohn des Blutes« Gespräche mit seiner Mutter und schlägt ihr vor, ihr beim Pflücken von wilden Früchten zu helfen. Er schlüpft in Form einer Schlange heraus, klettert auf den Baum, pflückt die Früchte und wirft sie hinunter, damit seine Mutter sie auflese. Diese möchte fliehen, doch die Schlange holt sie ein und kriecht wieder in ihren uteralen Unterschlupf.

Die entsetzte Frau vertraut sich ihren älteren Brüdern an, die sich auf die Lauer legen. Kaum ist die Schlange herausgekrochen, um auf den Baum zu klettern, flieht die Mutter; und als die Schlange herunterkommt, um sie einzuholen, töten die Brüder sie.

Man verbrannte den Kadaver auf einem Holzstoß, und aus der Asche wuchsen der Tabak und andere nützliche Pflanzen. (3)

1 C L-S, *Mythologica I, Das Rohe und das Gekochte, Sonate der guten Manieren*, S.141, M 26: Bororo.
2 Der Name der Frau lautet: Aturuaroddo.
3 Die anderen Pflanzen, die aus der Asche wuchsen, sind der Harzbaum, der Mais und die Baumwolle und der Urucu (Colb. 3, S. 197 ff.). Der Urucu, *Bixa orellana*, ist eine sehr gesuchte Pflanze, die den roten Farbstoff für das Färben von Baumwolle und das Korn für eine Tinktur liefert. Um den Urucu zu stehlen, wurden Kriegsexpeditionen zu feindlichen Nachbarn organisiert,

Vom Ursprung des Tabaks und der Wildschweine. (1)
Zur Zeit, als der Großvater (2) bei den Menschen lebte, baten diese ihn, sie einmal Wildschweine kosten zu lassen, die es noch nicht gab. Der Großvater nutzte die Gelegenheit, dass alle Erwachsenen abwesend und nur die Kinder von weniger als zehn Jahren im Dorf geblieben waren, um diese in Frischlinge zu verwandeln. Als die Leute zurückkamen, gab er ihnen den Rat, auf die Jagd zu gehen, und er ließ gleichzeitig alle Frischlinge mit Hilfe eines großen Baumes zum Himmel steigen. Die Männer, die dies sahen, folgten den Frischlingen und töteten sie, als sie im Himmel ankamen. Der Großvater befahl nun den Ameisen, den Baum zu fällen, und die Kröten bauten mit ihren Leibern einen Wall dafür. Deshalb haben sie noch heute eine wulstige Rückenhaut, eine Folge der Stiche, die sie erlitten haben. (3)Den Ameisen gelang es, den Baum zu fällen. Da die Jäger nun nicht mehr herunter konnten, knüpften sie ihre Gürtel aneinander, um einen Strick daraus zu machen. Aber er war zu kurz, und sie fielen einer nach dem anderen auf die Erde und brachen sich die Knochen: »Deshalb sind unsere Hände und Füße an so vielen Stellen gebrochen, und wir beugen unsere Körper wegen der Brüche, die sich unsere Vorfahren durch diesen Sturz zugezogen haben.« Ins Dorf zurückgekehrt, hielten die Bewohner ein Festmahl mit dem Fleisch ihrer in Frischlinge verwandelten

Kinder ab. Sie baten den Großvater, wieder vom Himmel herabzusteigen, wohin er den Kindern gefolgt war und doch bitte, bitte ins Dorf zurückzukommen: » Aber er wollte nicht und gab ihnen den Tabak an seiner Statt; die Menschen nennen ihn Badzé (4), weshalb sie dem Tabak zu bestimmten Zeiten Opfer darbringen.« (5)

1 C L-S, *Mythologica I, Das Rohe und das Gekochte, Sonate der guten Manieren*, S.139, M 25: Cariri.

2 Der Großvater ist der Demiurg: (m.; -s oder -gen; unz.) Weltschöpfer [<grch. *demiurgos;* <*demos* »Volk« + *ergon* »Werk, Tat«]. [der; grch., „Handwerker"], Weltbaumeister, Mittler zwischen der höchsten Gottheit und der Schöpfung; als Schöpfergott in der Gnosis dem Erlösergott gegenübergestellt.

3 Jetzt wissen wir also auch, so ganz en passant, woher die Kröten ihr warziges Aussehen haben.

4 Zu „Badzdé" findet sich keine weitere Wortbedeutung in der *MYTHOLOGICA* von C L-S.

5 Martin de Nantes, *Relation Succinte et Sincère*, etc. Quimper o. J., S. 228 - 231, Dieser Mythos ist sehr entstellt. Er wurde von einem Missionar um 1690 aus dem Amazonas-Gebiet berichtet, der keine Gelegenheit versäumte, seine Verachtung für den Glauben der Eingeborenen zu bekunden. Deutlich bleibt aber, daß die Überlieferung mit anderen Geschichten vom Ursprung der Wildschweine - zum Beispiel mit M 16 - verwandt ist. In beiden Fällen ist es der Tabak, oder der Greis Tabak, Großvater genannt, der die Trennung der menschlichen Familie in Menschen einerseits und Schweine andererseits bewirkt.

Vom Ursprung des Tabaks. III. (1)

Es war einmal eine Frau, die war Zauberin. Sie beschmutzte mit ihrem Menstruationsblut die Lauch-Pflanzen (2), deren mittlere Blätter seither an der Wurzel rot gefleckt sind. Diese Pflanzen gab sie dann ihrem Mann zu essen. Von seinem Sohn unterrichtet, verkündet der Mann, daß er in den Busch gehe, um Honig zu holen.Nachdem er die Sohlen seiner Sandalen aneinander geschlagen hatte, »um den Honig leichter zu finden«, entdeckte er am Fuß eines Baumes einen Bienenstock und dicht daneben eine Schlange. Den reinen Honig hob er für seinen Sohn auf, für seine Frau bereitete er ein Gemisch aus Honig und dem Fleisch des Schlangenembryos, das er aus dem Bauch der getöteten Schlange herausgezogen hatte.

Kaum hat die Frau ihre Portion zu essen begonnen, fängt ihr Körper an zu jucken. Sich kratzend, verkündet sie ihrem Mann, da sie ihn verschlingen werde. Der Mann flüchtet, klettert auf einen Baum, wo Papageien nisten. Er besänftigt seine Frau, die Menschenfresserin, für den Augenblick, indem er ihr nacheinander drei kleine Vögel herunterwirft, die in dem Nest lagen. Während sie dem größten nachläuft, der ihr davonflattern will, rettet sich ihr Mann zu einer Fallgrube, die er selbst gegraben hatte, um wilde Tiere zu fangen. Er weicht ihr aus, aber die Frau fällt hinein und kommt dabei um. Der Mann schüttet die Grube zu und bewacht sie. Eine unbekannte Vegetation beginnt zu sprießen. Neugierig trocknet der Mann die Blätter an der Sonne; in der Nacht raucht er sie heimlich. Seine Gefährten entdecken ihn und fragen ihn aus. Auf diese Weise kamen die Menschen in den Besitz des Tabaks. (3)

1 C L-S, *Mythologica I, Das Rohe und das Gekochte, Sonate der guten Manieren*, S.137, M 24: Tereno.
2 Gemeint sind die Karaguata-Pflanzen, eine Bromelienart.
3 Baldus, H. »Lendas dos indios Tereno«, *Revista do Museu Paulista*, Neue Serie, Bd. 4, 1950, S. 220 f. und Baldus, H. Hrsg.: *Die Jaguarzwillinge. Mythen und Heilsbringergeschichten Ursprungssagen und Märchen basilianischer Indianer*, Kassel 1958, S. 133

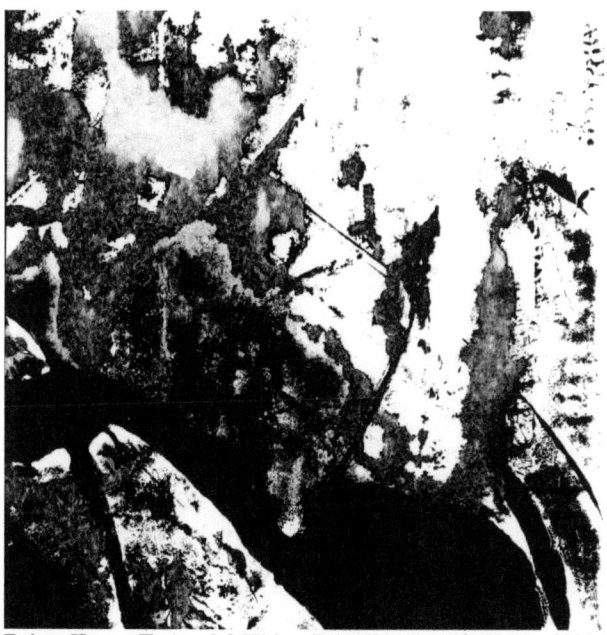

Rainer Hess, o.T, Acryl & Wein, Bristolkarton, 10x10 cm, 2008

Vom Ursprung des Tabaks. IV. (1)
Eine Frau und ihr Gatte gingen eines Tages auf die Suche nach Papageien (2). Der Mann kletterte auf einen Baum, auf dem sich mehrere Nester befanden, und warf seiner Frau etwa dreißig junge Vögel hinunter. Er bemerkte, daß die Frau sie verschlang. Vor Furcht ergriffen, packte er einen größeren Vogel, warf ihn hinunter und sagte: »Paß auf, er ist jung, aber er kann fliegen!« Die Frau rannte hinter dem Vogel her, und der Mann benutzte die Gelegenheit, um hinabzusteigen und zu entfliehen; er hatte Angst, selber gefressen zu werden. Doch seine Frau verfolgte ihn und tötete ihn, als sie ihn eingeholt hatte. Dann schnitt sie ihm den Kopf ab und steckte ihn in einen Sack und sättigte sich solange an dem übrigen Körper, bis ihr Bauch voll war.

Kaum ist die Frau ins Dorf zurückgekehrt, bekommt sie Durst. Bevor sie zur Quelle geht, die etwas entfernt liegt, schärft sie ihren fünf Kindern ein, den Sack nicht anzufassen. Doch das Jüngste schaut eilig hinein, alarmiert die anderen, die ihren Vater wiedererkennen. Das verständigte Dorf gerät in Aufregung, und alle ergreifen die Flucht. Als die zurückkehrende Mutter sich wundert, dass das Dorf leer ist, erklären sie ihr, daß die Bewohner fortgegangen seien, nachdem sie sie beschimpft hätten. Aus Scham über ihre Bosheit seien sie geflohen.

Empört will die Frau ihre Kinder rächen, und sie verfolgt die Dorfbewohner. Sie holt sie ein, richtet ein Blutbad unter ihnen an und verschlingt ihre Opfer an Ort und Stelle. Die gleiche Episode wiederholt sich mehrere Male. Entsetzt über dieses blutrünstige Hin und Her wollen die Kinder flüchten. »Rührt euch nicht«, sagt die Mutter, »oder ich fresse euch auch auf.« Die Kinder flehen um Gnade. »Nicht doch, habt keine Angst«, antwortet sie. Niemandem gelang es, sie zu töten; und das Gerücht verbreitete sich, dass es eine Jaguarfrau gebe.

Heimlich graben die Kinder eine Grube, die sie mit Blattwerk verdecken. Sie ergreifen die Flucht, als ihre Mutter verkündet, daß nun sie an der Reihe seien, gefressen zu werden. Sie nimmt die Verfolgung auf und fällt in die Falle. Die Kinder suchen Hilfe bei dem Falkenvogel Carancho (3). Der gibt ihnen den Rat, einen Baumstamm (4) auszuhöhlen und sich darin zusammen mit ihm zu verstecken. Die Jaguarfrau versucht, den Baum mit ihren Krallen zu zerfetzen, doch bleiben diese im Holz stecken. Carancho braucht nur noch herauszukommen und sie zu töten. Man verbrennt den Kadaver auf einem Holzstoß. Vier oder fünf Tage später sprießt eine Pflanze aus der Asche. So kam der Tabak ans Licht.

Aus den Krallen fertigte man Halsbänder für die Hunde, und man schickte sie in alle Dörfer, damit niemand den Tod der Jaguarfrau in Zweifel zöge. (5)

1 C L-S, *Mythologica I, Das Rohe und das Gekochte, Sonate der guten Manieren*, S.136, M 23: Toba-Pilaga.
2 *(Myopsitta monachus)*
3 Carancho ist der Kultur-Heros bei den Toba-Pilaga. Der Falkenvogel *Polyborus plancus* lebt sowohl von Raub wie von Aas, vgl. R. von Ihering *Dicionário dos animais do Brasil*, São Paulo 1940
4 *Chorisia insignis*
5 A. Métraux »Myths of the Toba and Pilagá Indians of the Gran Chaco«, *Memoirs of the American Folklore Society*, Bd. 40, Philadelphia 1946, S. 60 ff.

Vom Ursprung des Jaguars. (1)

Ein Mann ging einmal mit seiner Frau auf Fischfang. Er kletterte auf einen Baum, um Papageien zu fangen, die er dann seiner Frau hinunterwarf. Die Frau aber verschlang alle Papageien. »Warum frißt du die Papageien?« fragte er.

Sobald er wieder unten war, brach sie ihm das Genick mit ihren Zähnen. Als sie ins Dorf zurückkehrte, liefen ihre Kinder herbei und wollten sehen, was sie mitbrachte. Sie zeigte ihnen das Haupt ihres Vaters und behauptete, es sei der Kopf eines Tatu (2). In der Nacht fraß sie ihre Kinder und ging in den Busch. Sie hatte sich in einen Jaguar verwandelt. Die Jaguare sind Frauen. (3)

1 C L-S, *Mythologica I, Das Rohe und das Gekochte, Sonate der guten Manieren*, S.135, M 22: Matako.
Diese und vorherige Erzählung aus der Gruppe von Mythen aus dem Gran Chaco, Brasilien, geben zu der Bemerkung Anlass, daß sich die Mythen-Gruppe bald auf den Ursprung des Jaguars, bald auf den des Tabaks, bald auf beide zusammen beieht. Für sich genommen schafft der Tabak eine Verbindung mit den Mythen vom Ursprung der Wildscheine, wo er eine entscheidende Rolle spielt.
2 Ein Tatu ist ein Gürteltier. Hier kann entweder ein Riesen-Tatu, ein *tatûeté*, ein *Dasypus sexcinctus* oder ein *tatú peludo* gemeint sein.
3 A. Métraux »Myths and Tales of the Matako Indians«, *Ethnological Studies*, 9, Göteborg 1939, S. 60 f.

Vom Ursprung der Frauen. I. (1)
Ehedem gab es keine Frauen, und die Männer gaben sich der Homosexualität hin. Einer von ihnen wurde schwanger und starb daran, weil er nicht gebären konnte. Eines Tages entdeckten einige Männer im Wasser das Bild einer sich darin spiegelnden Frau, die sich oben auf einem Baum verborgen hielt. Zwei Tage lang versuchten sie, das Bild zu fangen. Schließlich hob einer der Männer die Augen und sah die Frau; man hieß sie herabsteigen. Da aber alle Männer sie begehrten, schnitten sie sie in Stücke und verteilten diese untereinander. Jeder wickelte sein Stück in ein Blatt und steckte das Päckchen in einen Schlitz in der Wand seiner Hütte, wie man es gewöhnlich tut, um einen wertvollen Gegenstand aufzubewahren. Dann gingen sie auf die Jagd.

Rainer Hess, o.T, Acryl & Wein, Bristolkarton, 10x10 cm, 2008

Bei ihrer Rückkehr ließen sie den Papagei als Kundschafter vorausgehen, der feststellte, daß sich alle Stücke in Frauen verwandelt hatten. Dem Puma (2), der ein Stück Brust bekommen hatte, fiel eine hübsche Frau zu; eine magere dem Savannenvogel (3), der zu sehr an seinem Stück gezerrt hatte. Aber jeder Mann erhielt eine Frau, und von nun an nahmen sie ihre Frauen immer mit, wenn sie auf die Jagd gingen. (4)

1 C L-S, *Mythologica I, Das Rohe und das Gekochte, Sonate der guten Manieren*, S.151, M 29: Sherenté.
2 *Felix concolor*
3 Der Savannenvogel ist die Sarima *Cariama cristata, Microdactylus cristatus*.
4 C.Nimuendajú, »*Serenté Tales*«, *Journal of American Folklore*, Bd.57, 1944, S.186

Vom Ursprung der Frauen. II. (1)

Einst waren die Männer Tiere, die sprechen konnten Sie hatten keine Frauen und nährten sich von Fischen, die sie in riesigen Mengen fingen.

Eines Tages entdeckten sie, daß ihre Vorräte gestohlen worden waren, und sie ließen einen Papagei zurück, der Wache halten sollte. Hoch auf dem Baum sitzend, sah dieser die Frauen, die an einem langen Strick vom Himmel herabglitten. Sie aßen, soviel sie konnten, und schliefen im Schatten des Baumes ein. Statt Alarm zu schlagen, wie ihm befohlen war, begann der Papagei, die Frauen mit Reisern zu bewerfen; diese wachten auf und entdeckten den Vogel. Sie bombardierten ihn mit Körnern, von denen eines seine Zunge traf, die bis heute ganz schwarz geblieben ist. (2)

Der Leguan hört das Geräusch des Kampfes und alarmiert seine Gefährten; da man ihn aber für taub hielt, wollte man nicht auf ihn hören. Und der Papagei war stumm geworden.

Am nächsten Tag übernimmt der Eidechsenmann die Wache, aber die Frauen fangen ihn und reißen ihm die Zunge aus. Nun war auch er stumm. Die Männer berieten sich und vertrautem die Wache des Dorfes dem Sperber an, den man nicht sehen kann, weil die Farbe des Federkleides nicht zu unterscheiden ist von dem Baumstamm, auf dem er hockt. Der Sperber schlägt Alarm. Obwohl die Frauen ihn mit Geschossen bombardieren, gelingt es ihm dennoch, den Strick zu zerschneiden. Seither haben die Männer Frauen. (3)

1 C L-S, *Mythologica I, Das Rohe und das Gekochte, Sonate der guten Manieren*, S.154 f., M 32: Matako.
2 Solltest Du Dich, lieber Leser, schon einmal gefragt haben, warum die Papageien so dunkle Zungen haben: hier ist eine plausible Antwort auf Deine Frage.
3 A. Métraux »Myths and Tales of the Matako Indians«, *Ethnological Studies*, 9, Göteborg 1939, S. 51

Vom Ursprung der Sterne. (1)
Die Frauen waren Mais pflücken gegangen, aber es gelang ihnen nicht, eine gute Ernte zu erzielen. Also nahmen sie einen kleinen Knaben mit, der viele Ähren fand. Sie zerstießen den Mais an Ort und Stelle, um Fladen oder Kuchen zu backen, die für die Männer nach ihrer Rückkehr von der Jagd bestimmt waren. Der kleine Knabe stahl eine beträchtliche Menge von Körnern und versteckte sie in Bambusrohren, die er seiner Großmutter brachte, und er bat sie, für ihn und seine Gefährten einen Maiskuchen zu machen.

Die Großmutter tat es, und die Kinder ließen es sich schmecken; wonach sie, um ihren Diebstahl zu verheimlichen, der Großmutter die Zunge abschnitten, ebenso einem zahmen Ara, und sie ließen alle Papageien (2) frei, die im Dorf gehalten wurden.

Da sie den Zorn ihrer Eltern fürchteten, entflohen sie in den Himmel, an einer knotigen Schlingpflanze hochkletternd, die ein Kolibri fügsam dort für sie aufgehängt hatte.

Unterdessen kehren die Frauen ins Dorf zurück und suchen die Kinder. Vergeblich fragen sie die alte Frau und den Papagei, die keine Zunge mehr haben. Eine von ihnen entdeckt die Schlingpflanze und die Reihe der Kinder, die an ihr hochklettern. Diese bleiben taub für ihre Bitten, wieder herabzusteigen und beeilen sich sogar noch mehr. Die bestürzten Mütter klettern ihnen nach, doch der kleine Dieb, der die Reihe beschließt, schneidet die Schlingpflanze in dem Augenblick ab, in dem er im Himmel angekommen ist: die Frauen fallen hinunter und zerschmettern auf der Erde, wo sie sich in Tiere und wilde Bestien verwandeln. Zur Buße für ihr hartes Herz betrachten die Kinder, in Sterne verwandelt, jede Nacht das traurige Los ihrer Mütter. Es sind ihre Augen, die man funkeln sieht. (3)

1 C L-S, *Mythologica I, Das Rohe und das Gekochte, Sonate der guten Manieren*, S.155 f., M 34: Bororo.
2 Papageien sind Mittler-Tiere und werden als Wächter oder Kundschafter gehalten.
3 Colbacchini, A., und Albisetti, C. - *Os Boróros Orientais*, São Paulo-Rio de Janeiro 1942, S. 218 f.

Vom Ursprung des Lachens. (1)

Ein Mann war in seinem Garten geblieben, während seine Gefährten auf die Jagd gingen. Voller Durst erreichte er die Wasserquelle, die er im benachbarten Wald kannte, und als er gerade trinken wollte, vernahm er ein seltsames Murmeln, das von oben kam. Er hob die Augen und erblickte eine unbekannte Kreatur, die mit den Füßen an einem Ast hing. Es war ein Wesen mit menschlichem Körper (2), aber mit den Flügeln und Füßen einer Fledermaus.

Die Kreatur stieg herab. Sie kannte die Sprache der Menschen nicht und wollte den Mann streicheln, um ihre freundschaftlichen Gefühle zu bekunden. Aber ihre schwärmerische Zärtlichkeit hatte kalte Hände und spitze Fingernägel, deren Kitzeln dem Mann den ersten Lachanfall entrissen.

Der Mann wurde in eine Höhle geführt, die einem hohen Steinhaus (3) ähnelte und in der die Fledermäuse (4) wohnten. Darin bemerkte der Mann, dass kein einziges Objekt oder Gerät auf dem Boden lag, der lediglich von den Exkrementen der Fledermäuse bedeckt war, die am Gewölbe der Höhle hingen. Die Wände hingegen waren von oben bis unten mit Malereien und Zeichnungen geschmückt.

Seine Gastgeber empfingen den Mann mit neuen Zärtlichkeiten; er konnte nicht mehr, so sehr wurde er gekitzelt und so sehr mußte er lachen. Als er am Ende seiner Kräfte war, fiel er in Ohnmacht. Lange danach kam er wieder zu sich, konnte fliehen und erreichte sein Dorf.

Seine Gefährten, allesamt Krieger und um Ernsthaftigkeit bemühte Männer, waren entrüstet über die Behandlung, die ihm widerfahren war. Um die Schmach zu rächen organisierten sie eine Strafexpedition und wollten alle Fledermäuse ausräuchern, indem sie einen Haufen trockener

Blätter in der Höhle anzündeten, deren Eingang sie zuvor verstopft hatten. Doch die Tiere konnten durch einen Ausgang im Gewölbe der Höhle entweichen, außer einem kleinen, das gefangen wurde.

Es kostete große Mühen, es im Dorf großzuziehen. Das Tier lernte gehen, aber man mußte ihm eine Sitzstange bauen, auf die es nachts kletterte, um an den Füßen hängend mit dem Kopf nach unten zu schlafen. Bald darauf starb es.

Die Krieger (5) verachten das Lachen und das Kitzeln. Sie meinen, daß so etwas allenfalls Frauen und Kindern ansteht.
(6)

1 C L-S, *Mythologica I, Das Rohe und das Gekochte, Sonate der guten Manieren*, S.164, M 40: Kayapo-Gorotiré.

2 Das Wesen heißt Kuben-niêpré. Dazu finden sich keine Übersetzung oder weitere Informationen ib der *Mythologica* von C L-S.

3 Die Seelen der Gorotiré kommen ins Steinhaus: »Wir hatten Gelegenheit, diesen interessanten Ort zu besichtigen, der in den Steppen des Rio Vermelho liegt. Nach einem langen und mühseligen Weg über ein hohes, steiniges Gebirge erblickten wir über den Wipfeln der Bäume die Spitzen eines wahren Waldtempels, ganz weiß und leuchtend in der Mittagssonne. Doch ist das ›Steinhaus‹ keineswegs verzaubert, sondern ein Werk der Natur in einem riesigen weißen Felsen. Vier Säulen stützen das Gewölbe, unter dem ganze Herden von Fledermäusen jaulen, die im Eingeborenen-Denken immer mit dem *men karon* - einem feindseligen und verfolgungssüchtigen Phantom, das darüber trauert, das Leben verloren zu haben, und auf jene eifersüchtig ist, die noch unter den Lebenden weilen - assoziiert werden. Die Wände der Längs- und Querschiffe, die ein Labyrinth bilden, tragen einige Zeichnungen, die das Werk der *men karon* sein sollen, aber wohl lediglich das geduldige Werk irgendeines primitiven Bildhauers sind. Man erkennt Darstellungen der Kröte, Emu-Pfoten, mit einem Kreuzmotiv gevierteilte wappenartige Figuren...« (Banner, H., *Lendas dos Indios do Brazil*, São Paulo 1946, S. 41 f.).

4 Wenngleich die Fledermäuse unzweifelhaft eine finstere Konnotation haben, erscheinen sie überall als die Herren der Kulturgüter, ganz wie der Jaguar in anderen Erzählungen. Den eingeräucherten Tieren gelingt die Flucht, den Menschen die zeremoniellen ankerförmigen Äxte, vielen Schmuck, die Felsmalereien und vielleicht Musikinstrumente, so erzählt es ein Tacana-Mythos, zurückzulassend.

5 Nicht nur die indianischen Krieger verachten das Lachen. Der gleiche Hang zur Humorlosigkeit verbindet Soldaten und andere sogenannte „ernsthafte Männer" auf der ganzen Welt. Wahrscheinlich wären die menschlichen Verhältnisse viel friedfertiger, wenn mehr gelacht würde.

6 Banner, H., »Mitos dos indios Kayapo«, *Revista de Antropologia*, Bd. 5, Nr. 1, São Paulo 1957, S. 60 f.

Vom Ursprung der Sprache. (1)

Nachdem der Großvater (2) die Menschen aus dem Schoß der Erde hervorgezogen hatte, wollte er sie zum Sprechen bringen. Er befahl ihnen, sich in eine Reihe zu stellen, und rief den kleinen Wolf herbei, daß er sie zum Lachen bringe. Der Wolf vollführte alle möglichen Äffereien, biß sich in den Schwanz,

doch umsonst. Daraufhin ließ der Großvater die kleine rote Kröte kommen, die alle Welt durch ihren komischen Gang belustigt. Als sie das dritte Mal die Reihe entlangwatschelte, begannen die Menschen lauthals zu lachen und zu sprechen...
(3)

1 C L-S, *Mythologica I, Das Rohe und das Gekochte, Sonate der guten Manieren*, S.166, M 45: Tereno.
2 Hier heißt der Demiurg Orekajuvakai.
3 Baldus, H. »Lendas dos indios Tereno«, *Revista do Museu Paulista*, Neue Serie, Bd. 4, 1950,
S.219

Vom Ursprung des Tabaks. V. (1)
Ein Mann hatte sich einem andern Mann gegenüber schlecht benommen, der sich dafür rächen wollte. Unter dem Vorwand, Früchte zu sammeln, hieß der letztere seinen Feind auf einen Baum klettern und ließ ihn im Stich, nachdem er die Stange weggezogen hatte, mit der der andere hinaufgestiegen war.
Hungrig, durstig und abgemagert erblickte der Gefangene schließlich einen Affen, den er um Hilfe anrief; der Affe willigte ein, ihm Wasser zu bringen, erklärte sich jedoch für zu schwach, um ihm beim Abstieg zu helfen. Einem mageren und stinkenden Aasgeier, einem Urubu, gelang es, ihn zu befreien. Der barmherzige Urubu nahm ihn mit zu sich nach Hause.
Er war der Herr des Tabaks. Er besaß zwei Sorten davon, eine gute und eine giftige, die er seinem Schützling schenkte, damit er lerne, die erste zu rauchen und die zweite für seine Rache zu verwenden.
Ins Dorf zurückgekehrt, bot der Held seinem Verfolger den schlechten Tabak an; dieser erlitt einen Schwindelanfall und verwandelte sich in einen Ameisenbär. Der Held machte Jagd auf ihn, überraschte ihn schlafend, am helllichten Tag, und tötete ihn. Seinen Wohltäter, den Urubu, lud er ein, sich an dem verwesenden Kadaver zu laben (2).

1 C L-S, *Mythologica II, Vom Honig zur Asche, Dialog zwischen dem Honig und dem Tabak*, S. 61,
M 191: Iranxé (Münkü). Dieser Mythos vom Ursprung des Tabaks spiegelt die Mythen vom Ursprung des Feuers wider. Ausgehend von M 1, dem Gesang vom Vogelnestausheber, der ein

ähnliches Schicksal erleidet wie unser Held, hat C L-S seine *Mythologica I - IV* entwickelt. M 1 ist keine Erzählung vom einem Ursprung, wir fügen sie aber als nächstfolgende Geschichte gerne ein, um eine vergleichende Lektüre zu ermöglichen. Die später folgenden Erzählungen vom Ursprung des Feuers werden Einblicke in weitere Zusammenhänge zwischen den Motiven der Überlieferungen ermöglichen. Wie zum Beispiel in M 7: Vom Ursprung des Feuers. I. - siehe unten -, wird auch unser Mann zwar nicht von einem gefährlichen, sondern von einem stinkenden und sehr abstoßenden Tier, dem er zu vertrauen wagt, gerettet. So wie der Vogelnestausheber in M 7 von dem Jaguar das Feuer bekommt, so erhält auch der Mann in dieser Erzählung hier ein Kulturgut, das die Menschen zuvor nicht kannten: dort das Küchenfeuer, hier den Tabak, von dem wir wissen, daß er, wie das gekochte Fleisch, eine Nahrung ist, auch wenn er durch die Art und Weise, wie er verzehrt wird, jenseits des Kochens steht. C L-S nennt ihn folglich ein *ultra-kulinarisches* Nahrungsmittel.
2 Moura, José de, S.J. »Os Münkü, 2a Contribuição ao estudo da tribo Iranche«, *Pesquisas, Antropologia nº 10,* Instituto Anchietano de Pequisas, Porto Alegre 1960, S. 52 f.

Die Arie vom Vogelnestausheber. (1)

In sehr alter Zeit trug es sich zu, dass die Frauen in den Wald gingen, um die Palmzweige zu sammeln, die zur Herstellung der *bá* (2) dienten, der Penisbeutel, die den Jünglingen bei der Initiation übergeben werden. Ein Knabe folgte heimlich seiner Mutter, überraschte und vergewaltigte sie.

Als sie nach Hause kam, bemerkte ihr Mann die ausgerupften Federn, die noch an ihrem Rindengürtel hafteten und denen glichen, mit denen sich die jungen Leute schmücken. Da er einen Seitensprung seiner Frau witterte, befahl er, dass ein Tanz stattfinden sollte, denn er wollte herausfinden, welcher Jüngling einen solchen Schmuck trug. Zu seiner großen Bestürzung stellt er fest, dass nur sein Sohn in Frage kommt. Der Mann fordert einen neuen Tanz - mit demselben Ergebnis. Überzeugt von seinem Unglück und rachedurstig schickt er seinen Sohn zum »Nest« der Seelen, mit dem Auftrag, ihm die große Tanzklapper *bapo* zu bringen, nach der ihn gelüstet. Der junge Mann zieht seine Großmutter zu Rate, und diese verrät ihm, welch tödliche Gefahr mit diesem Unternehmen verbunden ist; sie empfiehlt ihm, sich der Hilfe des Kolibris zu versichern.

Als der Held (3) in Begleitung des Kolibris an das Wasser gelangt, in dem die Seelen wohnen, wartet er am Ufer, während der Kolibri hurtig hinüberfliegt und die Schnur durchhackt, an der die Klapper hängt. Das Instrument fällt ins Wasser und tönt: »jo!« Von diesem Geräusch aufgeschreckt,

schießen die Seelen Pfeile ab. Aber der Kolibri fliegt so schnell, dass er mit seiner Beute unversehrt das Ufer erreicht.
Nun befiehlt der Vater seinem Sohn, ihm die kleine Klapper von den Seelen zu holen, und es wiederholt sich die gleiche Geschichte in allen Einzelheiten, wobei das hilfreiche Tier diesmal die schnelle Taube (4) ist. Im Laufe der dritten Expedition bemächtigt sich der Sohn der *buttoré,* rasselnder Schellen aus den Hufen des Wildschweins (5), die auf eine Schnur gezogen sind. Diese Schellen werden zum Tanzen um die Knöchel geschnürt, Es hilft ihm die große Heuschrecke (6), die etwas langsamer fliegt als die Vögel, so dass die Pfeile sie zwar treffen, ohne sie jedoch zu töten. Wütend darüber, dass seine Pläne vereitelt wurden, fordert der Vater seinen Sohn auf, mit ihm zu kommen, um Aras zu fangen, die an den Felswänden nisten. Die Großmutter weiß nicht so recht, wie dieser neuen Gefahr zu begegnen sei, gibt ihrem Enkel aber einen Zauberstab mit auf den Weg, an dem er sich festhalten kann, falls er abstürzen sollte.
Die beiden Männer gelangen zum Fuß der Felswand. Der Vater stellt eine lange Stange dagegen und befiehlt seinem Sohn, hinaufzuklettern, Kaum hat dieser die Höhe der Nester erreicht, schlägt der Vater die Stange weg. Der Knabe hat gerade noch Zeit, seinen Zauberstab in eine Felsspalte zu stecken. Er bleibt im Leeren hängen und schreit um Hilfe, während sein Vater von dannen geht.
Unser Held entdeckt eine Liane in seiner Reichweite. Er packt sie und zieht sich mühsam zu dem Gipfelplateau hinauf. Nachdem er sich ausgeruht hat, macht er sich auf die Suche nach Nahrung. Aus Zweigen fertigt er sich einen Bogen und Pfeile und jagt die Eidechsen, von denen es auf dem Plateau nur so wimmelt. Er tötet eine Menge von ihnen und hängt sich, als er satt ist, die restlichen an den Gürtel und die Baumwollbänder, die seine Arme und Knöchel umschlingen. Aber die toten Eidechsen verwesen und verströmen einen so widerlichen Gestank, daß der Held in Ohnmacht fällt. Aasgeier (7) stürzen auf ihn nieder, verschlingen zuerst die Eidechsen und wagen sich dann an den Körper des Unglücklichen, wobei sie bei den Hinterbacken beginnen.

Durch den Schmerz kommt der Held wieder zu sich und verjagt seine Angreifer, die ihm bereits sein ganzes Hinterteil abgefressen haben. So gesättigt werden aber die Vögel zu Rettern des jungen Mannes. Mit ihren Schnäbeln packen sie den Helden an seinem Gürtel und seinen Bein- und Armbändern, fliegen davon und legen ihn sanft am Fuße des Berges nieder.Der Held kommt zu sich, »so, als erwache er aus einem Traum«. Er hat Hunger, isst wilde Früchte, muss aber feststellen, daß er, mangels einer Unterlage, die Nahrung nicht bei sich behlten kann. Sie entweicht seinem Körper, ohne verdaut worden zu sein. Zuerst ratlos, erinnert sich der Knabe an eine Erzählung seiner Großmutter, in der der Held ein ähnliches Problem löste, indem er sich aus einem Teig aus zerdrückten Knollen [8] ein künstliches Hinterteil knetete.
Nachdem er auf diese Weise seine körperliche Integrität wiedererlangt und sich endlich satt gegessen hat, kehrt er in sein Dorf zurück, das er allerdings verlassen vorfindet. Lange irrt er umher auf der Suche nach den Seinen. Eines Tages entdeckt er Spuren, Fußspuren sowie die Spuren eines Stockes, die er als die seiner Großmutter erkennt. Um zu seiner Großmutter zu kommen, verwandelt sich der Junge nacheinander in vier verschiedene Vögel und in einen Schmetterling und findet so schließlich seine Leute wieder. Da er aber fürchtet, sich zu zeigen, nimmt er die Gestalt einer Eidechse an, deren Treiben lange Zeit die alte Frau und deren zweiten Enkel, den jüngeren Bruder des Helden, neugierig macht. Endlich beschließt er, sich in seiner wahren Gestalt zu erkennen zu geben.
In dieser Nacht gab es einen heftigen Sturm, begleitet von einem Gewitter, und alle Feuerstellen des Dorfes wurden ausgelöscht, außer der der Großmutter. Zu der kamen am anderen Morgen alle Dorfbewohner und baten um etwas Glut, vor allen anderen die zweite Frau des mörderischen Vaters. Sie erkennt ihren tot geglaubten Stiefsohn und rennt weg, um ihren Mann zu benachrichtigen. So als wäre nichts geschehen, ergreift dieser seine rituelle Rassel und heißt seinen Sohn mit Gesängen willkommen, mit denen die Rückkehr der Reisenden begrüßt wird.

Der Held indessen sinnt auf Rache. Eines Tages, als er mit seinem kleinen Bruder im Wald spazieren geht, bricht er von einem Baum einen Ast ab, der verzweigt ist wie ein Geweih. Nach den Anweisungen des Älteren erbittet und erhält das Kind vom Vater das Versprechen, dass er eine gemeinsame Jagd anordnet. In ein kleines Nagetier (9) verwandelt, erkundet der junge Mann, ohne sich blicken zu lassen, wo sein Vater auf der Lauer liegt. Der Held bewaffnet sodann seine Stirn mit dem falschen Geweih, verwandelt sich in einen Hirsch und stürzt mit solcher Wucht auf seinen Vater los, dass er ihn aufspießt. Immer noch galoppierend, nimmt er seinen Weg zu einem See, in den er sein Opfer wirft. Alsbald wird dieses von den Wassergeistern (10), von kannibalischen Fischen, aufgefressen. Von dem makabren Festmahl bleiben auf dem Grund des Wassers nur die entfleischten Knochen übrig sowie die Lungen, die in Form von Wasserpflanzen auf der Oberfläche schwimmen. Ihre Blätter, so heißt es, sehen aus wie Lungen. Wieder ins Dorf zurückgekehrt, rächt sich der Held auch an den Frauen seines Vaters, von denen die eine seine eigene Mutter ist. Eine ältere Version dieses Liedes schließt wie folgt: Der junge Held erklärt: Ich will nicht mehr mit meinen Leuten (11) leben, die mich schlecht behandelt haben, und ich werde ihnen Wind, Kälte und Regen schicken, um mich an ihnen und an meinem Vater zu rächen. Dann führte er seine Großmutter in ein fernes, schönes Land und kehrte zurück, um die Menschen zu bestrafen, so, wie er gesagt hatte. (12)

1 C L-S, *Mythologica I, Das Rohe und das Gekochte, Bororo-Gesang*, S.57, M 1 (Referenzmythos): Bororo: o xibae e iari, »die Aras und ihr Nest«.
2 Das Wort *ba* soll ursprünglich auch »Ei«, »Hode« bedeutet haben; aber nach anderen Quellen handelt es sich um zwei verschiedene Worte.
3 Der junge Held heißt Geriguiguitugo. Als Bedeutungsaspekte dieses Eigennamens können gelten: *atugo*, »bemalt«, »geschmückt«, ein Adjektiv, das, wenn es substantiviert wird, den Jaguar bezeichnet; *geriguigui*, Erdschildkröte; *jerigigi*, »Name einer cágado-Art« oder »Sternbild des Raben«. Der Held heißt auch Toribugo, wahrscheinlich aus *tori*, »Stein«; die Jerigigi-Schildkröte heißt in sakraler Sprache *tori tabowu*, »diejenige, deren Panzer wie ein Stein ist«.
4 der Juriti-Vogel *leptopila sp*
5 das Caetetu-Wildschwein *Dictyles torquatus*
6 *Acridium cristatum*
7 Urubu, *Cathartes urubu, Coragyps atratus foetens*
8 *Pogodori*, »eine Art Kartoffel«. Es soll sich um eine Art eßbare Knolle handeln, dem *cara* verwandt, dessen Blätter anstatt Tabak geraucht werden: eine Waldjamswurzel, wie es näher

heißt.
9 gemeint ist der Mea »cotia«, *Dasyprocta aguti*
10 Das Opfer, der Vater, wird von den Buiogoé-Geistern aufgefressen.
11 den Orarimugu
12 Colbacchini, A., *I Boróros Orientali »Orarimugudoge« del Matto Grosso, Brasile*, Contributi Scientifici delle Missioni Salesiane del Venerabile Don Bosco, (1), Turin o.J. [1925], S. 236.

Vom Ursprung des Feuers. I. (1)

Ein Mann, der das Nest eines Papageien-Paares (2) auf dem Gipfel eines Felsens erspäht hatte, nimmt seinen jungen Schwager (3) mit, der ihm helfen soll, die Jungen zu fangen. Er lässt ihn auf einer improvisierten Leiter hochklettern. Oben angelangt, sieht der Knabe angeblich nur zwei Eier. Es ist nicht ganz klar, ob er lügt oder ob er die Wahrheit sagt, sein Schwager misstraut dem Burschen jedenfalls und will die beiden Eier unbedingt haben. Niederfallend verwandeln sie sich in Steine, die die Hand des Mannes verwunden. Wütend stößt er dem Jungen die Leiter weg und geht fort, ohne zu begreifen, dass die Vögel verzaubert waren.

Der junge Mann bleibt mehrere Tage lang oben auf dem Felsen gefangen. Er magert ab. Hunger und Durst zwingen ihn, seine eigenen Exkremente zu essen. Schließlich entdeckt er einen gefleckten Jaguar, der einen Bogen und Pfeile sowie viele Arten von Wildbret trägt. Er möchte ihn zu Hilfe rufen, doch die Angst vor der wilden Raubkatze lässt ihn stumm bleiben.

Der Jaguar entdeckt den Schatten des Helden auf dem Erdboden. Vergeblich versucht er, den Schatten zu erhaschen. Dann hebt er die Augen, entdeckt den Jungen, denkt nach, repariert die Leiter und fordert den Knaben auf, herunterzusteigen. Erschrocken zögert dieser lange. Endlich entschließt er sich und der wohlwollende Jaguar schlägt ihm vor, auf seinen Rücken zu steigen und mit ihm nach Hause zu kommen, um gegrilltes Fleisch zu essen. Aber dem Jüngling ist die Bedeutung des Wortes »gegrillt« fremd, denn zu jener Zeit kannten die Menschen (4) das Feuer noch nicht und ernährten sich von rohem Fleisch.

Bei dem Jaguar sieht der Knabe einen großen schwelenden Holzstamm (5) und daneben Steine, wie die Leute sie heute

meistens benutzen, um ihre Öfen zu bauen. Er nimmt die erste Mahlzeit gekochten Fleisches zu sich.
Aber die Frau des Jaguars, die eine Menschenfrau ist, mag den Jüngling nicht. Sie nennt ihn »fremden Sohn« oder »Ausgesetzten« (6) . Dennoch beschließt der Jaguar, der keine eigenen Kinder hat, ihn zu adoptieren.
Jeden Tag geht der Jaguar auf die Jagd und lässt seinen Adoptivsohn mit seiner Frau allein, die gegen den Jungen eine immer stärkere Abneigung entwickelt.. Sie gibt ihm nur altes, zähes Fleisch und Blätter zu essen. Beschwert sich der Knabe, so zerkratzt sie ihm das Gesicht und der Arme muss seine Zuflucht im Wald suchen. Der Jaguar rügt seine Frau, aber vergeblich. Nichts ändert sich. Eines Tages schenkt der Jaguar seinem Ziehsohn einen ganz neuen Bogen und Pfeile und lehrt ihn, mit ihnen richtig umzugehen. Er gibt ihm den Rat, sie gegen die Rabenmutter zu gebrauchen, wenn es nötig sein sollte. Der Junge tötet die Frau des Jaguars mit einem Pfeil mitten in die Brust. Entsetzt flieht er, wobei er seine Jagdwaffen sowie ein Stück gegrilltes Fleisch mitnimmt. Mitten in der Nacht kommt er in sein Dorf zurück und tastet sich zum Lager seiner Mutter. Ihr gibt er sich nicht ohne Mühe zu erkennen, denn er war lange fort und man glaubte, er wäre tot. Er erzählt seine Geschichte und verteilt das mitgebrachte Fleisch unter den Angehörigen seines Dorfes. Alle sind angetan von der neuen, gegarten Nahrung und man beschließt, sich des Feuers zu bemächtigen. Als sie bei dem Jaguar ankommen, ist niemand daheim. Da die Frau tot ist, ist das Fleisch vom Vortag noch roh. Die Menschen braten und verspeisen es und nehmen das Feuer mit. Zum ersten Mal kann man nachts Licht machen, gekochtes Fleisch essen und sich am Herd wärmen. Aber der Jaguar, erzürnt über die Undankbarkeit seines Adoptivsohnes, der ihm »das Feuer und das Geheimnis von Pfeil und Bogen« gestohlen hat, bleibt voller Hass gegenüber allen Lebewesen, vor allem gegenüber den Menschen. Nur der Widerschein des Feuers glüht noch in seinen Augen. Er jagt mit seinen Fangzähnen und frißt sein Fleisch roh, denn er hat dem gegrillten Fleisch feierlich abgeschworen. (7)

1 C L-S, *Mythologica I, Das Rohe und das Gekochte, Gé-Variationen,* S.90 f., M 7: Kayapo-Gorotiré.
2 Die Papageien sind Aras: *Ara ararauna.*
3 Der Schwager heißt *Botoque.*
4 die Indianer
5 einen schwelenden *Jatoba*-Baumstamm
6 *me-on-kra-tum*
7 Banner, H., »Mitos dos indios Kayapo«, *Revista de Antropologia,* Bd. 5, Nr. 1, São Paulo 1957,
S. 42 ff.

Vom Ursprung des Honigs. (1)

Einst gab es keinen Honig. Der Wolf war der Herr des Honigs. Seine Kinder waren vom frühen Morgen an mit Honig verschmiert, doch er weigerte sich, den anderen Tieren welchen zu geben. Wenn sie darum baten, gab er ihnen irgendwelche Früchte (2), oft überreife, und behauptete, das sei alles, was er habe. Eines Tages verkündete die kleine Erdschildkröte, sie wolle sich des Honigs bemächtigen. Nachdem sie sich ihren Panzer zurechtgerückt hatte, drang sie in die Höhle des Wolfes ein und verlangte Honig. Der Wolf leugnete zuerst so wie immer, dass er welchen habe. Doch da die Schildkröte nicht locker ließ, erlaubte er ihr schließlich, sich mit offenem Maul auf den Rücken zu legen und soviel sie wolle von dem Honig zu trinken, der aus einer über ihr hängenden Kürbisflasche floss. Doch dies war nur eine Hinterlist. Die Unaufmerksamkeit der Schildkröte nutzend, die sich an ihrem Mahl gütlich tat, ließ der Wolf von seinen Kindern trockenes Holz aufstapeln. Sie zündeten es rings um die Schildkröte an, in der Hoffnung, sie fressen zu können, wenn sie gar wäre. Vergebliche Mühe! Die kleine Schildkröte stopfte sich immer weiter mit Honig voll. Nur der Wolf selbst wurde von der Glut belästigt. Als die Kürbisflasche leer war, stand die Schildkröte seelenruhig auf, zerstreute die Glut und sagte dem Wolf, dass er von jetzt an den Honig mit allen Tieren teilen müsse. Der Wolf ergriff die Flucht. Unter der Leitung der Schildkröte umzingelten ihn die Tiere, und der Prea (3) entzündete ein Buschfeuer rings um den Ort, an den der Wolf geflüchtet war. Als sich der Feuerkreis geschlossen hatte, fragten sich die Tiere, ob der Wolf wirklich darin sei, denn nur ein Rebhuhn war den Flammen entwichen. Doch die

Schildkröte, die das Versteck des Wolfs nicht aus den Augen gelassen hatte, wusste, dass dies der Wolf gewesen sein musste, der sich in ein Rebhuhn verwandelt hatte.

Und so verfolgte sie es mit den Augen, bis es verschwunden war. Auf Befehl der kleinen Schildkröte rannten die Tiere in die Richtung, die der Vogel bei seiner Flucht eingeschlagen hatte. Die Verfolgung dauerte mehrere Tage. Immer wenn sie das Rebhuhn eingeholt hatten, flog es von neuem davon.

Die Schildkröte, die auf den Kopf eines anderen Tieres gestiegen war, um besser sehen zu können, entdeckte plötzlich, wie sich das Rebhuhn in eine Biene verwandelte. Sie steckte einen Stock in die Erde, der die Richtung angab, in der jene entflohen war. Wieder begann die Jagd, doch auch diesmal ohne Ergebnis. Die Tiere waren vollkommen entmutigt. »Nicht doch«, sagte die Schildkröte, »wir sind erst drei Monate unterwegs und haben fast die Hälfte des Weges hinter uns. Seht den Pfahl dort hinter uns, der weist uns die Richtung.« Die Tiere kehrten um und sahen, daß der Pfahl sich in eine Palme [4] verwandelt hatte. Und abermals wanderten und wanderten sie. Schließlich verkündete die Schildkröte, daß man am anderen Tag am Ziel sein würde. Tatsächlich sahen sie am anderen Tag das »Haus« der Bienen, dessen Eingang von giftigen Wespen verteidigt wurde. Die Vögel versuchten einer nach dem anderen, sich zu nähern, aber die Wespen griffen sie an, »indem sie jenes Wasser auf sie spritzten, das sie haben«, und betäubt fielen die Vögel zu Boden und starben. Einem der kleinsten von ihnen, einem Specht oder einem Kolibri, gelang es jedoch, die Wespen zu umgehen und den Honig zu holen. »Na also, mein Sohn«, sagte die Schildkröte, »jetzt haben wir den Honig. Aber es ist ein bisschen wenig. Wenn wir ihn direkt aufessen, wird er bald alle sein.« Sie nahm den Honig und gab jedem Tier einen Ableger [5] davon , damit es sich ein Haus baue und Pflanzungen anlege. Wenn es genug davon gebe, solle man wieder zusammen kommen. Lange Zeit später begannen die Tiere, sich über ihre Honigpflanzungen Sorgen zu machen, und sie baten den »Maritaca« [6], nachzusehen, wie alles stünde. Doch die Hitze, die in den Pflanzungen herrschte, war

so stechend, dass der »Maritaca« nicht heran konnte. Die
Tiere, die nach ihm das Abenteuer wagen wollten, fanden es
bequemer, unterwegs Halt zu machen. Der große Papagei (7)
flog zu einem Obstbaum (8) , der Hyazinthen-Ara (9) flüchtete
in einen lieblichen Wald, und sie beriefen sich auf die
sengende Hitze, um ihr Scheitern zu rechtfertigen. Schließlich
flog der kleine Sittich so hoch in die Lüfte, bis er fast den
Himmel erreichte, so dass es ihm gelang, die Pflanzungen zu
erreichen. Sie flossen über von Honig. Als dies der König der
Tiere (10) erfuhr, beschloss er, sich an Ort und Stelle mit
eigenen Augen davon zu überzeugen. Er inspizierte die
Häuser, ie die Menschen sich erbaut hatten.

Viele Leute hatten den Honig gegessen, den sie zum Pflanzen
bekommen hatten, und diese besaßen nun keinen mehr.
Andere hatten genug, hatten ihn aber dicht unter der Erde
verscharrt, von wo er leicht auszugraben war. »So geht das
nicht weiter«, sagte der König, »bald werden wir keinen
Honig mehr haben. Es gibt nur sehr wenig, fast keinen mehr.
Wartet ein wenig, und es wird Honig für alle geben.«
Inzwischen hatte er die Bienen im Wald freigelassen.

Einige Zeit später rief er alle Tiere zusammen und befahl
ihnen, ihre Äxte zu nehmen und nach Honig zu suchen: »Jetzt
ist der Wald voll von Honig, von allen Sorten (11) gibt es
welchen, wirklich von allen. Ihr braucht euch nur auf den Weg
zu machen. Wenn ihr den einen Honig nicht mögt, dann geht
zum nächsten Baum, dort gibt es einen anderen. Ihr könnt
soviel davon nehmen, wie ihr wollt. Der Honig wird niemals
ausgehen, solange ihr nur soviel mitnehmt, wie ihr in den
Kürbisflaschen oder anderen Behältnissen, die ihr zum
Sammeln mitnehmen müsst, tragen könnt. Was ihr aber nicht
tragen könnt, muss dort bleiben, wo es ist. Und ihr müßt die
Öffnungen, die ihr mit euren Hacken in die Stämme
geschlagen habt, um den Honig zu entnehmen, immer wieder
gut verschließen, für das nächste Mal.« Seither haben die
Menschen genug Honig. Wenn die Leute roden gehen, finden
sie welchen, in dem einen Baum diesen, in einem anderen
Baum jenen Honig und wieder in einem anderen eine weitere
Sorte. Es gibt alle Sorten (12).

1 C L-S, *Mythologica II, Vom Honig zur Asche, Das trockene Tier*, S. 71, M 192: Ofaié-Chavanté. 2 *Araticum*-Früchte; 3 Der Prea ist ein Nagetier, das sich von Pflanzen ernährt. Obwohl 25 bis 40 cm in der Länge, wird er   für ein sehr kleines und unbedeutendes Tier gehalten. In Südbrasilien wird es sogar als Wildbret verschmäht.
4 eine Pindo-Palme *Cocos sp.*,
5 Die Eingeborenen übersehen geflissentlich, daß der Honig ein tierisches Produkt der Bienen ist und rechnen ihn, je nach Honigsorte, zu den Baum- oder Erdfrüchten, die man kultivieren kann.
6 Die Bedeutung dieses Wortes ist problematisch. Einerseits könnte es eine Abkürzung von »*maritacáca*« sein, der Bezeichnung für das Stinktier. Andererseits wird es sich wohl eher um eine bäuerliche Deformation von »*maitáca*« handeln, dem Namen einer kleinen Papageienart der Gattung *Pinus*. Da nachfogend von den Fehlversuchen anderer Papageienvögel erzählt wir, scheint es wahrscheinlicher zu sein, daß auch hier ein Papagei gemeint sein könnte.
7 *Ara ararauna*
8 Mangaba: *Hancornia speciosa*
9 »Arára azul« *(Anodorhynchus hyacinthinus)*
10 der Häuptling der Tiere
11 Bora-, Mandaguari-, Jati-, Mandassaia-, Caga- und Fogo-Honig preißt der Häuptling ausdrücklich an.
12 Ribeiro, D., »Noticia dos Ofaié-Chavant«, *Revista do Museu Paulista*, Neue Serie, Bd. 5, São Paulo 1951, S. 124ff.

Rainer Hess, o.T, Acryl & Wein, Bristolkarton, 10x10 cm, 2008

Vom Ursprung von Sonne und Mond. (1)

Einst lebten in einem Küstendorf ein Mann und eine Frau. Sie hatten zwei Kinder, ein Mädchen und einen Jungen. Als die Kinder groß waren, verliebte sich der Knabe in seine Schwester. Da er nicht aufhörte, sie mit seinen Nachstellungen zu verfolgen, flüchtete sie sich schließlich in den Himmel, wo sie der Mond wurde. Seither läuft ihr der Knabe unentwegt nach, in Form der Sonne. Manchmal holt er sie ein, und es gelingt ihm, sie zu umarmen (2), womit er eine Mondfinsternis (3) verursacht.Nachdem die Kinder ihn verlassen hatten, ergriff den Vater Trübnis und Hass auf die Menschheit (4). Er wanderte in der Welt umher, säte Krankheiten und Tod, und die Opfer der Krankheiten dienten ihm als Nahrung. Aber seine Gier wurde so groß, daß er sie nicht mehr zu stillen vermochte. Und so tötete und fraß er auch gesunde Leute...(5)

1 C L-S, *Mythologica I, Das Rohe und das Gekochte, Divertissement über ein volkstümliches Thema*, S. 382, M 165: Eskimo (Behringstraße).2 Eine andere Eskimo Version präzisiert, daß die verärgerte Schwester ihrem Bruder die Nahrung entzieht und ihm dafür ihre Brust anbietet, die sie sich abgeschnitten hat: »Du wolltest mich letzte Nacht, und so gebe ich dir meine Brust. Wenn du mich begehrst, iß sie!« Doch der Knabe weigert sich. Die Frau steigt zum Himmel auf, wo sie zur Sonne wird. Er verwandelt sich in den Mond und verfolgt sie, ohne sie je einholen zu können, bis man ihn nicht mehr sehen kann, weil er bei der langen Verfolgung so abgemagert ist. Dann nähert sich ihm seine Schwester Sonne und gibt ihm aus der Schüssel zu essen, auf die sie ihre abgeschnittene Brust gelegt hat. Er ißt davon und wenn er gestärkt ist, beginnt er wieder zuzunehmen. Das ist der Ursprung der Phasen des Mondes. (Nelson, s.u. bei 5, S. 482 und Rink, H., *Tales and Traditions of the Eskimo*, Edinburgh-London 1875, S.236 f.)3 Dieser Mythos, von dem zwischen Alaska und Feuerland zahllose Variationen gefunden wurden, bringt die Finsternisse am Himmel mit dem Inzest in Beziehung. Eine zweite Äquivalenz mit dem Kannibalismus wird mit ihm eingeführt und als eine weitere Folge der Ursprung der Krankheiten und Epidemien. Als die spanische Grippe 1938 viele Eingeborene dahin raffte, wurde dies von den Sherenté einer Verfinsterung der Sonne zugeschrieben, deren tödlicher Speichel auf die Erde getropft sei. Ähnliches glaubt man im Chaco: »Eine Sonnen- oder Mondfinsternis bedeutet Unglück und Krankheit. Wenn sich die Sonne oder der Mond über die Menschen ärgern, verschleiern sie sich. Damit sie sich wieder entschleiern, muss man die Trommel schlagen, schreien, tanzen und alle Arten von Lärm machen. Wenn die Sonne sich verschleiert, ist das ein Zeichen für die Pocken« (Métraux, A., »Myths and Tales of the Matako Indians«, *Ethnological Studies*, 9, Göteborg 1939, S.97). 4 Wir erinnern uns, daß die Kapayo (M 7: Vom Ursprung des Feuers. s.o.: S 37-38) in Amazonien genau die gleichen Worte verwenden, um die Gefühle des Jaguars zu beschreiben, nachdem die Menschen ihm das Feuer gestohlen haben.5 Nelson, E. W., »The Eskimo about Behring Strait«, *18th Annual Report of the Bureau of American Ethnology*, S.481

Vom Ursprung der Sterne, der Krokodile und der Ameisenbären. (1)

Einst versuchten die Menschen, in den Himmel zu fliehen, um einem verheerenden Weltenbrand zu entkommen. Einigen gelang es und sie verwandelten sich in Sterne. Andere fielen unglücklicherweise herab und fanden in Grotten Zuflucht. Als die Feuer erloschen waren, kamen sie aus ihren Höhlen wieder hervor, aber sie hatten sich alle in Tiere verwandelt. Ein alter Mann war ein Krokodil geworden, eine alte Frau ein Ameisenbär (2).

1 C L-S, *Mythologica II, Vom Honig zur Asche, Die Geschichte von dem auf Honig verrückten Mädchen*, S. 140, M 230: Toba. 2 Lehmann-Nitsche, R., »La Astronomia de los Tobas« (2. Teil), *Revista del Museo de la Plata*, Bd. 28 (3. Serie, Bd.4), Buenos-Aires 1924-1925, S.195 f.

Vom Ursprung der Ameisenbären. (1)

Eine alte Frau nahm eines Tages ihre Enkel mit, um die Früchte eines Baumes einzusammeln. Sie nahm ihren Korb und sagte zu ihnen, sie sollten auf den Baum klettern, um die Früchte zu pflücken und zu ihr herunter zu werfen. aber die Enkel hörten nicht auf ihre Großmutter und aßen stattdessen die Früchte im Baum sitzend auf. Als die Kinder alle reifen Früchte gegessen hatten, begannen sie, die grünen, noch unreifen zu pflücken, und warfen mit diesen nach ihrer Großmutter, trotz deren Beschwörungen. Da sie Schelte bekamen, verwandelten sie sich in Papageien und flogen im Schwarm davon.Die alte Frau, die keine Zähne mehr hatte, blieb alleine unter dem Baum zurück und jammerte: »Was soll aus mir nur werden? Was fange ich jetzt bloß an?« Sie verwandelte sich in einen Ameisenbären, ging von dannen und grub nach Termitenhügeln. Dann verschwand sie im Wald (2).

1 C L-S, *Mythologica II, Vom Honig zur Asche, Die Geschichte von dem auf Honig verrückten Mädchen*, S. 138 f., M 228: Kraho. 2 Schultz, H., »Lendas dos indios Krahó«, *Revista do Museu Paulista*, Neue Serie, Bd. 4, São Paulo 1950, S. 160

Vom Ursprung des Feuers. II. (1)

Ehedem hatten die Menschen kein Feuer. Wenn sie Wild töteten, schnitten sie das Fleisch in dünne Streifen, die sie auf Steine legten, damit sie an der Sonne trockneten. Sie nährten sich auch von faulem Holz.Eines Tages entdeckte ein Mann ein Arapaar, das aus einem Felsspalt davon flog. Um ihr Nest auszuheben, läßt er seinen Schwager, den jüngeren Bruder seiner Frau, an einem zuvor ausgekerbten Baumstamm hochklettern. Aber es sind nur runde Steine in dem Nest. Eine Auseinandersetzung, die in Streit ausartet, endet mit dem Umstoßen des gekerbten Baumstammes und dem Zurückbleiben des Knaben in der prekären Situation in der Felswand. Es scheint jedoch, als ob der Jüngling, von seinem Schwager provoziert, die Steine absichtlich werfe und ihn mit Vorsatz verletze.Seiner sich ängstigenden Frau erklärt der Mann, der Knabe habe sich verirrt und er gibt vor, ihn zu suchen, um den Argwohn zu zerstreuen. Unterdessen ist der Held, halb tot vor Hunger und Durst, dazu genötigt, seinen Kot zu essen und seinen Urin zu trinken. Er besteht nur noch aus Haut und Knochen, als ein Jaguar vorbeikommt, der ein Wildschwein (2) auf den Schultern trägt. Das wilde Tier erblickt den Schatten des Jungen und versucht, ihn zu fangen. Jedesmal weicht der Held zurück, und der Schatten verschwindet. »Der Jaguar schaut in alle Richtungen und hebt dann, sich das Maul bedeckend, den Kopf nach oben und erblickt den Mann auf dem Felsen.« Ein Gespräch beginnt. Man erklärt sich, man verhandelt. Der verängstigte Held will nicht direkt auf dem Jaguar reiten, willigt aber ein, das Wildschwein zu besteigen, das der Jaguar auf dem Rücken trägt. So gelangen sie zur Behausung des Jaguars, dessen Frau mit dem Spinnen von Baumwolle beschäftigt ist: »Du bringst den Sohn eines anderen«, wirft sie ihrem Mann vor. Ohne sich verwirren zu lassen, verkündet dieser, dass er den Knaben als Gefährten zu sich nehmen, ihn nähren und stark machen werde. Doch die Frau des Jaguars verweigert dem jungen Mann das gute Fleisch des Tapirs, gibt ihm stattdessen nur mindere Hirschfleischstücke und bedroht ihn bei jeder

Gelegenheit mit ihren Klauen. Auf den Rat des Jaguars hin tötet der Knabe die Frau mit dem Bogen und den Pfeilen, die er von seinem Beschützer bekommen hatte. Der Junge nimmt die »Güter des Jaguars« mit: Baumwollgarn, gegartes Fleisch, glühende Holzkohle. In sein Dorf zurückgekehrt, gibt er sich zuerst seiner Schwester, dann seiner Mutter zu erkennen. Man ruft ihn ins Männerhaus (3), wo er seine Abenteuer erzählt. Die Männer beschließen, sich in Tiere zu verwandeln, um sich des Feuers zu bemächtigen. Der Tapir soll den Stamm tragen, der Jaó, ein Hühnervogel, soll die herunterfallende Glut löschen, der Hirsch das Fleisch tragen, das Pekari (4) die Baumwollfäden. Die Expedition gelingt, und die Männer teilen sich das Feuer (5).

1 C L-S, *Mythologica II, Das Rohe und das Gekochte, Gé-Variationen, b) Zweite Variation*, S.91 f., M 8: Kayapo-Kubenkranken. 2 ein Wilschwein der *Caetetu*-Art 3 Das Männerhaus heißt *ngobé*.
4 Das Pekari ist eine Wildschweinart. 5 Métraux, A., »Mythes et Contes des Indiens Cayapo (Group Kuben-Kran-Kegn)«, *Revista do Museu Paulista*, Neue Serie, Bd. 12, São Paulo 1960, S. 8 ff.

Vom Ursprung des Honigwassers und der Trommel. (1)

Zur der Zeit, da man das Honigwasser noch nicht kannte, kam ein Großvater (2) auf die Idee, den Honig mit Wasser zu verdünnen und dieses Honigwasser die ganze Nacht über gären zu lassen. Als es Tag geworden war, trank er ein wenig davon und fand es köstlich. Doch niemand sonst wollte davon kosten, aus Furcht, es könnte Gift sein. Der Großvater sagte, er wolle es ausprobieren, denn in seinem Alter habe der Tod keine so große Bedeutung mehr. Er trank und brach wie tot zusammen. In der Nacht kam er jedoch wieder zu sich und erklärte allen, dass es ihm gut gehe und daß das Honigwasser kein Gift sei. Die Menschen machten einen größeren Trog aus einem Baumstamm und tranken soviel Honigwasser, wie sie darin zubereiten konnten. Ein Vogel hatte sie beobachtet und höhlte daraufhin die erste Trommel (3) aus. Er schlug sie die ganze Nacht und verwandelte sich am nächsten Tag in einen Menschen (4).

1 C L-S, *Mythologica II, Vom Honig zur Asche, Die Gschichte von dem auf Honig verrückten Mädchen*, S.112, M 214, Matako. 2 ein Greis 3 Dieser kleine Mythos stellt eine doppelte Äquivalenz zwischen dem gegorenen Getränk und dem Gift einerseits und dem Honigwasser

und der Holztrommel andererseits dar. Die Erfindung des Trommeltrogs zieht die Verwandlung des Tiers in einen Menschen nach sich, folglich bewirkt die Erfindung des Honigwassers einen Übergang von der Natur zur Kultur. Eine andere Erzählung der Matako präzisiert: wer zuviel Honig ißt, ohne zu trinken, erstickt und läuft Gefahr, umzukommen. Der Honig und das Wasser setzen einander voraus und man tauscht den einen gegen das andere. 4 Métraux, A., »Myths and Tales of the Matako Indians«, *Ethnological Studies 9*, Göteborg 1930, S. 54

Vom Ursprung des Wassers. (1)

Einst besaß der Kolibri das ganze Wasser der Welt und die Tiere hatten nichts anderes zu trinken als den Honig. Der Kolibri ging jeden Tag baden, und die neidischen Tiere spionierten ihm mit der Hilfe des wilden Truthahns (2) nach, was jedoch mißlang. Eines Tages versammelte sich das ganze Volk um ein Feuer. Der Marder (3) kam erst später dazu, weil er auf Honigernte gewesen war. Leise bat er um Wasser. »Es gibt keines«, wurde ihm geantwortet. Daraufhin bot der Marder dem Kolibri seinen Honig zum Tausch gegen Wasser an. Der schlug jedoch den Handel aus und verkündete, er wolle jetzt lieber ein Bad nehmen. Der Marder folgte dem Kolibri und kam fast zur gleichen Zeit wie dieser bei dem Wasser an, das sich in einem Felsloch befand. Der Kolibri sprang hinein und der Marder tat es ihm gleich. Dann schnaubte er so heftig, daß das Wasser in alle Richtungen spritzte, wodurch die Bäche und Flüsse entstanden sind (4).

1 C L-S, *Mythologica II, Vom Honig zur Asche, Das trockene Tier*, S. 89 f., M 203, Botocudo. 2 des Mutum, *Crax sp.* 3 Der ist ein Irára, *Tayra barbara*. In dieser Geschichte vom Ursprung des Wassers taucht eine Schwierigkeit auf: daß hier nämlich der Irára der Herr des Honigs ist, obwohl in der Überlieferung vom Ursprung des Honigs (s. o.) ausdrücklich der Wolf als Herr des Honigs eingeführt wurde. Der Widerspruch löst sich auf, wenn man berücksichtigt, daß das Mardertier Irára eingeschlossen ist in die weitgespannte ethnozoologische Kategorie der Wolfstiere, in die zum Beispiel auch der Fuchs gezählt wird. Der Irára ist ein nächtliches Waldtier. Als zur Familie der Mardergehörend, ist er ein Fleischfresser, der gleichwohl gerne Honig nascht, Sein von dem Tupi-Wort abgeleiteter Name in Lingua General lautet *ira*, »Honig«, portugiesisch heißt er *papa-mel*, »Honigschlürfer«, und spanisch *melero*, »Honighändler«. Der Irára wurde beobachtet, wie er sich an die in den hohlen baumstämmen befindlichen Bienenstücke heranmacht, indem er durch die Wurzeln in sie eindringt oder den Stamm mit seinen Krallen zerfetzt. Eine Pflanze, welche die Bororo »die des Irára« nennen, dient bei ihnen magischen Zwecken: sie soll zu einer guten Honigernte verhelfen 4 Nimuendajú, C., »Sozial Organization and Beliefs of the Botocudo of Eastern Brazil«, *Southwestern Journal of Anthropology*, Bd. 2, Nr. 1, 1946, S. 111

Vom Ursprung des Wassers und der Schlingpflanzen. (1)

Eines Tages machte ein Fuchs sich auf die Suche nach dem Honig der Wespe (2). Lange wanderte er vergeblich und begegnete dann einem Vogel (3), der ebenfalls Honig suchte und der mit seiner Gesellschaft einverstanden war. Der Vogel fand Honig in Hülle und Fülle. Er kletterte auf die Bäume, verfolgte mit den Augen die einzelnen Wespen (4), um ihr Nest zu erspähen, das er dann nur noch zu leeren brauchte. Der Fuchs versuchte, es ihm nachzutun, doch ohne Erfolg und er störte den Vogel sehr bei dessen Honigsuche. Schließlich beschloss der Vogel, diesen kläglichen Partner zu verzaubern. Er murmelte magische Worte: »Möge ein Holzsplitter kommen und diesen Fuchs so verletzen, dass er nicht mehr laufen kann!« Kaum hatte er das gesagt, als der Fuchs, der vom dem Baum, auf den er geklettert war, heruntersprang, auf einen spitzen Stab fiel, der ihn durchbohrte. Er starb. Der Vogel erfrischte sich an einem Wasserloch und kehrte heim, ohne jemandem zu erzählen, was geschehen war. Ein schwacher Regen fiel, und Fuchs lebte wieder auf. Nachdem er sich von dem Pfahl befreit, gelang es ihm endlich, Honig zu finden, den er in seinen Beutel tat. Da er Durst hatte, ging er zu einem Wasserloch und sprang blindlings hinein. Das Loch war ausgetrocknet, und er brach sich den Hals. Dicht daneben grub ein Frosch einen Brunnen. Sein Bauch war voller Wasser. Nach geraumer Zeit kam ein Mann und wollte trinken. Er sah, dass das Loch leer, dass Fuchs tot und der Bauch des Frosches voller Wasser war. Er durchbohrte ihn mit einem Kaktusstachel, das Wasser spritzte heraus, floss in alle Richtungen und so entstanden die Bäche und Flüsse. Es nässte auch den Fuchs, der abermals wieder auflebte. Eines Tages, als der Fuchs Gäste erwartete und eben das Bier (5) zubreitete, erblickte er eine Eidechse, die auf dem Gipfel eines Baumes (6) schlief. Der Fuchs ließ sein bier stehen und bat die Eidechse, ihm ein wenig Platz zu machen. Er sagte, daß er gerne auf Bäume klettere und nur deshalb nicht immer dort oben wohne, weil er gerne Gesellschaft habe. Die Eidechse sprach einen Zauber: »Möge der Fuchs sich bei seinem nächsten Sprung den Bauch aufschlitzen!« Der Fuchs (7) wollte zu der Eidechse auf den Baum hinaufspringen und zerriss sich den Bauch an den Dornen, die auf dessen Stamm wuchsen. Er fiel zurück und verlor dabei seine Därme, die am Baum hängenblieben und ihn zurückhielten. »Lassen wir diese Gedärme wachsen«, sagte die Eidechse, »damit die Menschen sie sammeln und essen können.« Dies ist der Ursprung einer Schlingpflanze mit dem Namen »Fuchsgedärm«, welche die Menschen essen (8).

1 C L-S, *Mythologica II, Vom Honig zur Asche, Das trockene Tier*, S.96 f., M 208, Toba.2 der *leche-guana*-Wespe. Der Honig dieser Wespe, die im Amazonasgebiet *sisuira (Lecheguana colorada, Nectarina lecheguana)* genannt wird, ist giftig. Andere Honigarten gelten als »berauschend«, so zum Beispiel die der Meliponen-Untergattung *Trigona* und der Wespen *Vespiae*. Eine *Trigona*-Biene nennt man aus diesem Grund im Staat São Paulo *feiticeira*, »Hexe, oder *vamo-nos-embora* »man geht davon« (Schwartz, H.B., »Stingless Bees - Meliponidae - of the Western Hemisphere«, *Bull. Amer. Mus. Nat. Hist.*, Bd. 90, New York 1948, S. 126) 3 einem *čelmont*-Vogel 4 Der Honigsammler verfolgt mit den Augen einzelne Bienen oder Wespen, um in Bäumen oder in der Erde ihre Schlupflöcher zu entdecken. Bevor die Ashluslay aus dem Chaco Honig ernten gehen, lassen sie sich unterhalb der Augen zu Ader, weil sie glauben, damit ihre Chancen zu erhöhen. (Nordenskiöld, E., »La Vie des Indiens dans le Chaco«, *Revue de Géographie*, Bd. 6, 3. Teil, 1972, S. 49). Die alten Apipon, die in den Grenzgebieten von Paraguay und Brasilien lebten, erklärten einst, sie würden sich immer sorgfältig die Wimpern auszupfen, damit ihr Blick nicht gestört werde, wenn es gelte, eine einzelne Biene bis zu ihrem Nest zu verfolgen (Dobrizhoffer, M., *An Account of the Abipones, an Equestrian People II*, Übers. aus dem Lateinischen, 3. Bde., London 1822, S.15). 5 Algaroba- Bier 6 eines *yuchan*-Baumes *(Chorisia insignis)* 7 Der Fuchs ist ein unfähiger und gefräßiger Verführer, Freier, Betrüger. In einer Matako-Version derselben Fabel hängt der Takjuaj (Tawk´wax) seine Eingeweide eigenhändig an die Zweige der Bäume, wo sie sich in die Schlingpflanzen verwandeln.Die Anatomie des Betrügers ist voller Überraschungen, wie eine andere Version desselben Mythos bezeugt: »Twakxwax wollte auf einen *yuchan*-Baum klettern und fiel mit dem Kopf voran herunter. Beim Fallen zerfetzten die Dornen seinen Körper. Er nahm seinen Magen heraus und vergrub ihn. Eine *iletsáx*-Pflanze entstand daaus, deren dicke Wurzel voller Wasser ist. Seine Eingeweide wurden zu Schlingpflanzen. Wie eine Kuh hat Tawkxwax mehrere Mägen: aus einem anderen machte er eine *iwokano* genannte Pflanze« (Métraux, A.. »Myths and Tales of the Matako Indians«, *Ethnological Studies 9*, Göteborg 1939, S. 19) 8 Métraux, A., »Myths of the Toba and Pilagá Indians of the Gran Chaco«, *Memoirs of the American Folk-Lore Society*, Bd. 40, Philadelphia 1946, S. 126 f.

Geldgebet

Geld der Welt,
Heilige Scheiße,
Gesetz unseres Lebens,
beseeltes Exkrement,
Vater Unser auf Erden.

Wie hoffen auf Dich,
Wir glauben an Dich,

Du Unser Gott,
Wir verehren und Wir lieben Dich,
ohne Dich ist kein Dasein.

Es gibt keine Welt ohne Geld.

Ihr Münzen und Scheine,
Ihr Werte und Papiere,
Wir lieben Euch mehr als Unser
Leben:
wie die Mutter ihr Neugeborenes,
so lieben Wir Euch.
Komme und erlöse Uns,
Geld,
Denn ohne Dich ist Alles Nichts,
selbst die leuchtensten Sterne
verblassen,
neben Deinem Licht sind sie stumpf
wie Staub.
Von Unserer Armut und
Schwachheit erlöse Uns,
Geld,
vor Unserer Ohnmacht und Angst
errette Uns.

Und gib uns Deine Kraft,
Deine Macht schenke Uns und

Deine Herrlichkeit,
die allein Dein goldener Glanz
verleiht,
Geld,

und komme herbei und mache Uns
reich,
und lasse vor Uns erzittern unsere
Feinde.

Das Leben ist zu kurz,
Heilige Scheiße,
um ohne Dich zu sein,
Vater.

Darum gib Dich Uns reichlich,
Damit auch Wir voller Inbrunst
sagen dürfen,
Wir zählen dazu und reich sind Wir.

Und die, welche nichts von Dir
haben,
oder nur wenig,
die gib in Unsere Gewalt,
lass sie sich für Uns schinden und
quälen.

Ihre Sorge sei,
Uns noch mehr zu geben,
auf dass Unser Reichtum sich
mehre,
und ihre Güter Uns erfreuen.

Denn die Sklaven sollen nicht
prassen,
Deine Pracht sei die Unsere, nicht
die ihre, Vater.

Gib Macht Uns über sie, um sie zu
knechten,
Du Heilige Scheiße.

Beraube sie weiterhin ihrer Freiheit,
denn Du bist das Gesetz des Alls.

Und lasse sie vergessen ihre
Sehnsucht
Nach Gerechtigkeit.

Aber lasse sie hoffen auf Dich,
Unseren Herrn,
so dass sie für Alles sich sorgen,
was Wir brauchen, und für mehr.

Denn Vater,
Dein Wille ist,
dass genug nie genug ist.

Dass der Bescheidene vergeht ist
Dein Wille,
und dass der Arme
Unser Knecht bleibt für immer.

Du Gesetz Unseres Lebens,
Du Ziel Unserer Hoffnung,
Geld,
Du Einziges in Unseren Herzen,
nur Dir wollen Wir dienen,
Unsere Nächsten dagegen aber

sollen Unsere
Diener sein um Deinetwillen.
Vater Unser auf Erden,
Du Heilige Scheiße,
sei Unsere Welt,
sei Unser Leben,
jetzt und in alle Ewigkeit.
Amen.

Gregor Bendel

Rainer Hess, o.T, Acryl & Wein Bristolkarton, 10x10cm, 2008

Rolf Habel,

geboren 1954 in Köln, gründete er mit Anderen 1971 die alternative Wohngemeinschaft *Kreative Oberstaat* und war 1977 Mitbegründer der *Kunst- und Kreativitätsschule* in Bergisch-Gladbach. Dort war er bis 1987 als freier Kreativitätslehrer tätig. Nach ersten Berufserfahrungen während einer Schriftsetzerlehre besuchte er ab 1973 die Glasfachschule in Rheinbach und erlernte das Handwerk des Glas- und Porzellanmalens. Von 1979 bis 1987 studierte er Freie Malerei bei Werner Schriefers an der Fachhochschule für Kunst und Design in Köln. Einen deutliche Position seiner freien bildnerischen Arbeit stellt die Aquarellmalerei dar. Paralell zu seinen Ausstellungsaktivitäten war er seit 1994 als Nachttaxifahrer, künstlerischer Performer und Betreuer kunstpädagogischer Projekte in Kinder- und Jugendeinrichtungen tatig.

Rolf Habel lebt und arbeitet in Karweiler, Landkreis Ahrweiler.

Gregor Bendel,

geboren 1957 in Gimmigen, Bad Neuenahr-Ahrweiler bei Bonn, lehrt Kunst seit 2009 an der Fachakademie für Sozialpädagogik in Coburg. Er erlernte ab 1973 das Handwerk der Kunstglaserei an der Glasfachschule in Rheinbach und war 1978 als Kunst- und Beschäftigungstherapeut in der Dr. von Ehrenwall'schen Klinik für Gemütserkrankungen in Ahrweiler tätig. Von 1980 bis 1985 studierte er Freie Malerei bei Renate Lewandowski und Multi Media Art bei Daniel Spoerri an den Werkkunstschulen in Köln und war als Glasbläser Assistent für Willem Heesen in dessen Glasstudio ›Oude Horn‹ in Leerdam, Holland. Seither beschäftigt er sich als freier Künstler mit Malerei und Zeichnung, Ausstellungen zeitgenössischer Kunst und Gestaltungen mit Spiegel und Glas in der Architektur. Er initierte vielfältige Kulturpojekte: die *Kunst und Musik Festivals* (1980/81), die *Styx*-Performancenächte (1993), *Kaiserwetter*, eine Skulpturenschau (1994) und den *Sommernachtstraum - the celebrating comunity* (1996).

Gregor Bendel lebt und arbeitet in Kirchdaun und Coburg.

Rainer Hess,

geboren 1960 in Mayschoß/Ahr, lehrt freie Malerei im Rahmen der Initiative »Jedem Kind seine Kunst« des Ministeriums für Bildung und Kultur des Landes Rheinland-Pfalz zusammen mit Wolfgang Kutzner und Gudrun Näkel in verschiedenen Einrichtungen für Kinder und Jugendliche. Anlässlich der Retrospektive zum 100-jährigen Geburtstag von K.O. Götz leitet er im Arp Museum, Bahnhof Rolandseck, Remagen, den begleitenden kunstpädagogischen Workshop für »Informelle Malerei« (2012).

Als freiwilliger Dienstleistender bei der Bundeswehr erhält er ab 1987 eine profunde Ausbildung in der Krankenpflege und erwirbt Führerkenntnisse für Fahrzeuge aller Art. Nach dem plötzlichen Tod des Vaters 1982 sieht er sich genötigt, den elterlichen Traditionsbetrieb für Weinbau in seinem Heimatort Mayschoß/Ahr zu übernehmen. Parallel zu dieser Tätigkeit entwickelt er autodidaktisch und experimentell mit verschiedensten Malmaterialien und oft mit Wein und dessen Nebenprodukten seine gegenstandlose, gestische Bildsprache.

Seit 1987 stellt er sich jährlich in seinem »Felsenatelier« aus und ist an vielen regionalen und internationalen Ausstellungen beteiligt. Sein Land Art Projekt *Der Fluß des roten Rebensaftes* (2004) verwirklicht er auf 3600 m² eigener terrassierter Weinbaufläche mit sich unterschiedlich laubverfärbenden Rebsorten. Ein ähnliches Weingartenprojekt kann, durch ihn initiiert, in San Jordi, Spanien (2008) realisiert werden.

Reisen führen ihn in den letzten Jahren nach Ungarn, China und Südkorea um dort seine Kunst und die Weine der Winzergenossenschaft Mayschoß-Altenahr zu präsentieren. Seit 1991 ist er Mitglied, seit 2003 Aufsichtsratsvorsitzender dieser ältesten Winzergenossenschaft Europas und seit 1989 Mitglied in Berufsverband Bildender Künstler Rheinland-Pfalz. Seine urheberrechtlichen Interessen werden gewahrt von der VG Bild Kunst, Bonn.

Rainer Hess lebt und arbeitet in Mayschoß/Ahr.

Karl-Peter Gerigk,

geboren 1966 in Mechernich in der Eifel, ist freier Journalist und Kommunikationsberater. Er studierte an der HBK Saar und Universität des Saarlandes, Studienaufenthalte an den Universitäten Trier und Hamburg, erlangte 2002 das Diplom als Politologe am Otto-Suhr-Institut der Freien Universität Berlin. Seit 1993 berät er Persönlichkeiten, Firmen und Parteien in Sachen der Imagebildung. Er publiziert zu sozialen und gesellschaftlichen Themen in der der eigenen Internet-Zeitung „Europa-Nachrichten" und schreibt Bücher. Zu seinen Themen zählen systemische Betrachtungen und kritische Stellungnahmen zu politischen Entwicklungen. Seine Studien zu Fragen der Kommunikationspolitik sind Beiträge zum Diskurs des Medieneinflusses auf die öffentlichen Meinung. Das Verhalten der Menschen als Wähler und Konsument sowie als „zoon politikon", des Menschen als Politisches Wesen, sind zentrale Problembereichen der Erörterungen. In diesem Sinn sei alle Kunst auch Ausdruck des Politischen.

Karl-Peter Gerigk lebt und arbeitet in Hausten, in der Eifel.

R. Hesss, Acryl & Wein, o.T., auf Bristolkarton, (Ausschnitt), 8 x13cm, 2008